U0100372

名師出高徒 ⑧

田金龍 編著

太極推手入門與精進

大展出版社有限公司

出版說明

誰都願意將自己的孩子送進好的學校，爲什麼?因爲好學校教學水平高。教學水平高主要依賴於有一流的高水平的教師。教師水平高就能教出出類拔萃的學生，這正是「名師出高徒」。

學武術也如此，富有經驗的名師教學，會使初學者少走彎路，入門迅速，一入門即可爲提高打下紮實的基礎。

爲滿足初學武術的廣大青少年和武術愛好者的要求，我社特約我國武術名家編寫了這套叢書。本套叢書作者均是長期從事武術教學在國內外享有盛名的專家，他們有著極豐富的教學經驗，既能把那些對武術一竅不通的「老外」教得有模有樣，也能指導武術高手再提高。

本套叢書屬於普及性讀物，重點介紹了武術基本技術要領、動作要求、練習方法、易犯錯誤及其糾正方法，而且簡明扼要地說明了動作的技擊含義，易學、易懂、易練、易用。

近年來中國武術協會爲更廣泛開展武術運動，在國內推行了武術段位等級制。本書在介紹了最基本的動作之後，編入了最基本的入段套路詳解。每個武術愛好者只要跟著本書步驟自修，都可達到武術初級段

位（一、二、三段）水平。

　　本社曾出版過《武術基礎練習叢書》一書，深受廣大武術愛好者喜愛，多次再版仍未能滿足需要。根據近年來我國武術發展的形勢，本套叢書是在原《武術基礎練習叢書》的基礎上新編而成。這套叢書包括以下幾冊：

《武術基本功和基本動作》——名師出高徒㈠

《長拳入門與精進》——名師出高徒㈡

《劍術、刀術入門與精進》——名師出高徒㈢

《棍術、槍術入門與精進》——名師出高徒㈣

《南拳入門與精進》——名師出高徒㈤

《散手入門與精進》——名師出高徒㈥

《太極拳入門與精進》——名師出高徒㈦

《太極推手入門與精進》——名師出高徒㈧

　　爲便於廣大推手愛好者學習，我們在編輯此書時，將原國家體委《現國家體育總局》審定的《武術太極推手競賽規則》附於本書後，供讀者在推手練習時參考。

太極推手是太極拳門系的一種練功方法，透過推手練習，逐步掌握人體在技擊格鬥中的基本規律，爲太極拳技擊術的運用打下良好的基礎。這種練習原本是師徒之間以及本門內師兄弟之間的交流，因此，它更多的是探討和研究技藝的一種練習形式，其競爭性並不是太強的。

到了近期，國家武術研究院爲使這項民族瑰寶進一步發揚光大，試驗著讓太極推手成爲獨立的競技項目走進現代體育競技的行列。

經由十多年的探索，這一課題已基本得出了結論，一致認可了太極推手具有較強的競技性、健身性和可觀賞性，把它推向世界，能夠代表中國武術內家拳的技擊風格，特別是近十年來，各路健兒角逐太極拳賽場，使競技推手的技術初具模型。

在這種形勢下，國家體委（原）於 1994 年正式舉辦了太極推手全國比賽，同年頒佈了《武術太極推手競賽規則》。

競技推手運動的發展，把太極拳運動推進到一個較高的層次。爲使這項運動進一步的普及，筆者在指

導教師、上海體育學校邱丕相教授的指導下，認真地總結了近十年來的推手技術，精選了傳統的推手動作和練習方法中比較適合現代競技推手要求的內容，彙編成冊，以幫助太極拳愛好者學習推手入門之用。

作者　田金龍

目　錄

太極推手的意義

　　太極推手原係太極拳門類的一種練功方法，經由推手練習，可以獲得良好的用勁技巧，為掌握太極拳技擊術打下良好的基礎。因為，一切技擊活動都是力的較量，踢、打、摔、拿無一不是以力制人，格、架、擋、截無一不是消化來力轉守為攻。如果能創造一種把技擊活動中，人體的用力規律和攻守技巧合於一體的練習方法，無疑是為掌握技擊術找到了一條捷徑，推手運動正是實現這一技擊訓練思想的功法練習。太極拳由意、氣、力合一的修煉，集至剛、至柔兩種功夫於一身。練習推手，學會掌握和運用剛勁和柔勁，以剛、柔的變化來巧妙地破壞對方身體平衡，懂得勁的運用後，才可以做到知己又知人，才能很快地進入太極拳的技擊境界。

　　正因為太極推手在太極拳法中占有如此重要的地位，歷代有志於深造太極拳技藝的拳手，無不對此刻苦修煉，下過一番紮紮實實的功夫。歷經數代拳師的精心總結，太極推手的技術體系日臻完善，功夫也日趨精湛，層次不斷提高。

　　太極推手以其獨具特色的技術風格，深深地吸引了廣大武術愛好者，甚至其他門派的拳手也參加到太極推手的行列。代代相延，太極推手已深深地紮根民間。

　　太極推手的境界是極富誘惑力的，那種瀟灑自如，隨意

收放，順勢一抖，即可讓人騰空飛起的精彩場面，使芸芸後學醉心不已，奮發忘我。

拋開對上乘武功的追求，太極推手在公園演習形式中也極有魅力，師兄弟們、相識的、或不相識的，大家聚在一起盤盤手、摸摸勁，尋找著只有太極拳才具有的特殊感覺，以此來徹悟中國五千年文化中最深奧的哲理。得意處，雙方叫一聲「好」，喊一聲「有力」，得到了一種體驗，證明了一種理論，於是欣慰無比，精神備感爽朗，無所謂勝，也無所謂敗，大家共同所有的，只是人與人的親切，是對某種認識昇華的陶醉。

幾乎每一個太極拳愛好者都喜歡推手，因為太極拳追求體用一如，練拳的感覺與推手的感覺應該是一樣的。摸摸勁，看看拳套的勁路是否正確，找到了正確的感覺，打起拳來也就興趣盎然；青年人走走勁，增大點運動強度，健壯了體格，增強了體質，把健身向強身方向發展；中老年朋友追求意識勁，講求動作的輕靈圓活，重在精神、內意貫注，避免了長期個人練拳的機械化招式，使心智活動與身體活動同時得到了鍛鍊。

推手就是這樣地有著廣大的適應性，它可以給人以功夫，可以給人以徹悟，可以給人以強身，可以給人以快樂，可以給人尋找到知己。只要根據自己的練習目的，尋找一個恰當的練習方法，就一定會給您帶來益處。所以，它備受人們的熱愛，廣泛地流傳於中華大地。

近年來，太極推手又進入了一個新的發展階段，這項民間武技已進入現代體育競技的行列。競技推手的出現，引導了推手技術的重大革命，歷史的繼承必須與現代體育競技的

特點相結合。

　　經過十多年的探索求真，新型的、適應競技比賽的推手技術已日趨成熟。相信今後太極推手這項運動會向更高層次發展，在更大的範圍得到推廣。

第一章 太極推手基本技術

第一節　搭手勢

一、身體姿勢

【動作】：

以左勢為例（圖1）。

　　兩腳前後站立，右腳外撇45°，左腳朝前，兩腳橫向間距約與肩同寬，重心落於兩腿之間略偏後（一般是前三後七）；左手略高於肩，掌心斜向內；右手與左肘齊高，掌心斜向下；兩臂抱圓，沉肩垂肘；頭平頸正，目光平視；胸微含使背略呈弓形。

【要點】：

身體舒鬆且應有彈性。

【易犯錯誤】：

1.身體疲塌。

2.肌肉鼓勁誤以為是掤勁，實是僵勁。

【糾正方法】：

1.思想上保持警戒性，有隨觸即變化的意識。

圖1　　　　　　　　　圖2

2.身肢舒鬆放長，保持五弓姿勢（兩個腿弓、一個身弓、兩個臂弓）的彈性。

3.出手宜靈不可實。

二、練習距離

雙方成立正姿勢，兩手握拳平舉，拳面相接觸（圖2）。

三、搭手方法

【動作】：

1.右搭手勢

雙方右腳在前，兩腳內側相對，兩人腳之間相距10～20公分；互搭右手背腕部，左掌撫於對方右肘部（圖3）。

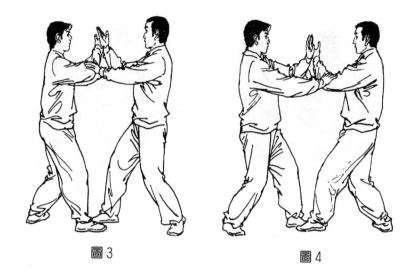

圖3   圖4

2.左搭手勢

雙方左腳在前，兩腳內側相對，兩人腳之間相距 10～20 公分；互搭左手背腕部，右掌撫於對方左肘部（圖4）。

【要點】：

1. 搭手時必須一手控制住對方腕部，一手控制住對方肘部。

2. 兩臂略含掤勁，微向前上方送勁。

【易犯錯誤】：

1. 因害怕對方侵逼，有對抗勁。

2. 手臂太軟，應變意識不強，易被對方搶攻。

【糾正方法】：

掌握搭手即佔優勢的技巧。如：

1. 搭手時手臂微微送勁即後引，使對方摸不準你的勁

圖5　　　　　　　　　　　圖6

路。

2.搭手時兩臂微旋，手向上領，使對方下意識地跟著你的勁路走。

第二節　八種進攻方法

一、掤　法

1.掤的動作

兩手向前向上抬，如攬雀尾掤式（圖5、圖6）。

【要點】：

掤勁向前上方翻起。

圖7

【易犯錯誤】：

只有手臂動作，勁滯於上肢。

【糾正方法】：

體會兩腿蹬地力的翻騰。

2. 掤的作用

作用一：掤使對方腳翻起（圖7）。

【要點】：

上掤時，兩臂先微微後引，使對方無力對抗，再向前上方掀。

【易犯錯誤】：

無引勁，硬抗對方。

【糾正方法】：

做各種上掤的喂勁練習。

圖8

作用二：掤承來力（圖8）。

【要點】：

運用手臂滾動，佔據主動。

【易犯錯誤】：

對頂來力。

【糾正方法】：

多做盤手練習，將硬勁、直勁換成曲蓄有餘的韌勁。

圖 9 圖 10

二、擺法

1.擺的動作

兩手向左或向右抹，如攬雀尾擺式（圖9、圖10）。

【要點】：

弧形橫抹。

【易犯錯誤】：

只有手上動作。

【糾正方法】：

體會腰襠的轉勁和節節傳遞的感覺。

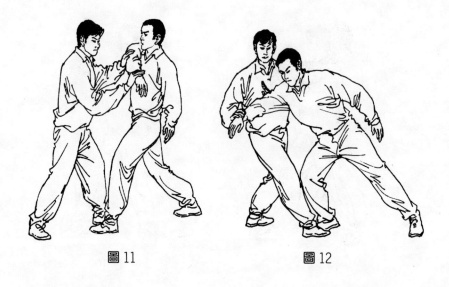

圖11　　　　　　　　圖12

2.攦的作用

作用一：用橫勁輕抹使對方身體扭轉成背勢（圖11）。

【要點】：

先引後撥。

【易犯錯誤】：

手法不輕靈，易被對方察覺。

【糾正方法】：

多體會「引空」的感覺。

作用二：用橫勁順勢牽引，使對方身體失去平衡（圖
12）。

【要點】：

掤勁不丟。

圖13　　　　　　　　圖14

【易犯錯誤】：

後引太快，手上無黏勁。

【糾正方法】：

將手掌在某些物體上滑動，體會滑動時產生的摩擦力，掤引時要有此感覺。

三、擠　法

1.擠的動作

兩手合勁整體向前排擠，如攬雀尾擠（圖13、圖14）。

【要點】：

整體排進。

【易犯錯誤】：

身體前傾。

圖 15

【糾正方法】：

注意身法端正，襠勁沉實。

2.擠的作用

兩手合勁整體向前排擠，使對方失去重心向後跌出（圖15）。

【要點】：

固定對方身形，使其不可活變。

【易犯錯誤】：

1. 對方落空時，未能接住其僵勁。

2. 勁力不整，對方有活動的餘地。

【糾正方法】：

對方將勁力抵住，此時是擠勁發揮得最好的狀態。如果在我順人背的條件下也有這樣的感覺，對方必然騰空飛出。

圖 16　　　　　　　　圖 17

四、按　法

1. 按的動作

①下壓：

兩手下壓（圖 16、圖 17）。

【要點】：

下壓時身體收緊。

【易犯錯誤】：

身與手的勁力不合一。

【糾正方法】：

體會身體的沉墜勁。

圖 18　　　　　　　　圖 19

②前推（按逼）

兩手向前按推（圖18、圖19）。

【要點】：

弓勁要足。

【易犯錯誤】：

襠勁不實，手上輕飄或僵硬。

【糾正方法】：

推沙袋練習。

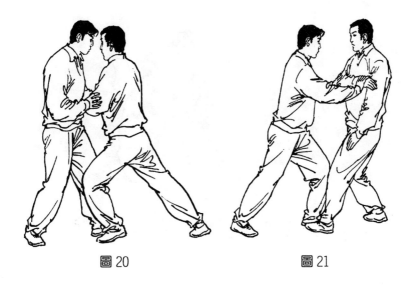

圖 20   圖 21

2. 按的作用

作用一：下壓拔跟，使對方腳跟抬起（圖 20）。

【要點】：

對準其支撐腳的前沿。

【易犯錯誤】：

勁路指向對方體內。

【糾正方法】：

一方打擠，一方下按，做喂勁練習。

作用二：按逼，使對方無法動彈（圖 21）。

【要點】：

攔使對方陷入被動時運用。

【易犯錯誤】：

強行按逼，實是對頂。

圖22

【糾正方法】：

在盤手中尋找其背勢。

作用三：下壓使對方下坐倒地（圖22）。

【要點】：

1. 順著對方的下坐勁。

2. 下壓並向左右推撥。

【易犯錯誤】：

分不清真假勁。

【糾正方法】：

雙方定步練習，一方佔優勢位置掤逼對方，使其不可運化，觀察其重心與肢體局部下沉的關係。

圖 23   圖 24

五、採　法

1. 採的動作

兩手向後拉，如披身捶式（圖23、圖24）。

【要點】：

身體猛然沉墜，將沉勁透到手上。

【易犯錯誤】：

不輕快。

【糾正方法】：

體會以身拉手。

圖 25　　　　　　　圖 26

2. 採的作用

用勁向身後拉，使對方向前衝出（圖 25、圖 26）。

【要點】：

先攦引使其前衝，再順勢採發。

【易犯錯誤】：

①硬拉對方。

②力量不鬆透，不能使其受震。

【糾正方法】：

多做大攦喂勁練習。

圖27　　　　　　　圖28

六、挒法

1.挒的動作

向左或右橫向發勁，如打虎式（圖27、圖28）。

【要點】：

橫向抖發。

【易犯錯誤】：

不驚險。

【糾正方法】：

多做挒發練習，體會驚彈感覺。

圖 29　　　　　　　　圖 30

2. 捌的作用

用橫向勁在對方來勁的中間截斷，使其向側跌出（圖29、圖30）。

【要點】：

①截斷來勁。

②捌前要掤起對方抖動。

【易犯錯誤】：

①動作不驚險，對方易溜走。

②捌前不掤抖，其勁不散。

【糾正方法】：

捧一適當重物抖發。

圖 31

七、肘　法

1. 肘的動作

以前臂攻擊對方，如披身捶式（圖31）。

【要點】：

運用上臂攻擊。

【易犯錯誤】：

①肘上走不出六種勁別。

②害怕，盲目用肘撞擊。

【糾正方法】：

①用肘完成掤、攦、擠、按等動作。

②盤手時空出兩手，多用前臂。

圖 32　　　　　　　　　　　　圖 33

2. 肘的作用

肘法是中距離的進攻方法，其勁道仍是掤、攦、擠、按、採、挒六種勁別，如披身捶的用法是肘挒（圖 32）。

八、靠　法

1. 靠的動作

用軀幹部位撞擊，如背折靠（圖 33）。

【要點】：

身法端正，襠勁下沉。

【易犯錯誤】：

身體前傾，無襠勁。

圖 34

【糾正方法】：

注意蹬腿送勁，六勁分明。

2. 靠的作用

靠法是近距離的進攻方法，其勁道仍是掤、攦、擠、按、採、挒六種勁別，如背折靠式用的是挒勁（圖34）。

【要點】：

貼身運用，不強求。

【易犯錯誤】：

腳步不能深入對方襠內，身體前傾撞擊。

【糾正方法】：

將大攦推手中的採一、靠式抽出單獨練習，體會插步、整體靠擊的要點。

圖35　　　　　　　　　　圖36

第三節　幾種輔助技術

一、「聽」勁技術

「聽」勁是用皮膚觸覺感知對方勁路變化的方法。

「聽」勁的技巧是隨法。隨是在身體放鬆的條件下跟隨對方的勁路一起運動。隨的功夫要做到速度上不快不慢、力量上不增不減，與對方緊緊合拍。如甲掤承乙按勁後退（圖35）；甲鬆臂前進順乙採勁（圖36）。

【要點】：

凝神靜氣，集中注意力，「聽」走合一。

圖 37

【易犯錯誤】：

閉眼歪頭，好像全神貫注，忽視了眼睛的作用。

【糾正方法】：

1.正確認識推手的「聽」勁是觸、視、聽全方位的感知活動。

2.盤手中一方引領，一方隨變，多做換手練習。

二、引勁（或引進）技術

引勁，是引誘對方出力，使其深入的方法。引勁的技巧主要是沾、黏兩種勁法：

1. 沾，提上拔高的意思，意即將對方勁路引長。在動作方法上，只要順著對方來勁的走向略微加快一點速度，使對方在不知不覺中也加快了進攻的速度，想要追趕你而被你調動，其狀態猶如磁石吸鐵一樣。如甲做上換手的動作，兩手

圖 38

向後上方吸起，使乙方在不知不覺中身體拉長，重心浮起
（圖37）。

2. 黏，如膠似漆的意思，意即對方後退時，我的手臂就
像膠漆一樣地黏住對方，使其擺脫不得，在不知不覺中陷入
困境。在動作方法上，只要順著對方退勁的走向略微加快一
點速度，同時使自己的勁力直指對方的中心，使其在不知不
覺中加快了後退的速度，想要擺脫卻又擺脫不得，如甲以按
式將乙壓扁（圖38）。

【要點】：

皮膚微微黏著引領，速度上總是比對方略快一點。

【易犯錯誤】：

沾得過快而犯「丟」病，黏得過緊而犯「頂」的毛病。

【糾正方法】：

盤手時多做換手和逼手的練習。

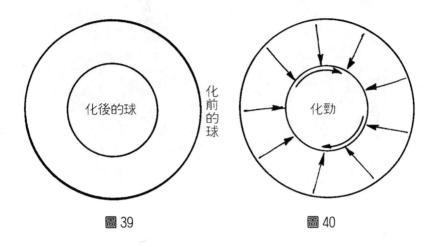

圖39　　　　　　　　　圖40

三、化勁技術

化勁，即化解對方的勁力。化勁的技巧是走法，意即使對方的勁力從自己身邊走開。在動作方法上，通過全身的內收旋轉，使對方的來力突然撲空並從身邊滑落，其狀態猶如縮小並旋轉的氣球（圖39、圖40）。

【要點】：

向身體中軸節節收攏，同時旋轉，使對方來勁從身邊滑過。

【易犯錯誤】：

用手撥開對方來勁。

【糾正方法】：

讓對方抵住或抱住，然後突然一收，體驗對方落空時的感覺。

圖 41　　　　　　　　　　　圖 42

第四節　步　法

一、步法技術

1. 插　步

甲前足插於乙襠步中間（圖41）。

2. 套　步

甲前足管住乙足外側（圖42）。

【要點】：

腳步輕靈，佔位隱蔽。

圖 43　　　　　　　　　　圖 44

【易犯錯誤】：

腳步遲鈍，不能與化勁配合，雖得機而不能得勢。

【糾正方法】：

多訓練步法。

二、步法與進攻距離

1.遠距離

甲前足與乙前足內側相對（圖43）。

2.中距離

甲前足在乙前足的膝部的垂直線處（圖44）。

圖 45

3. 近距離

甲前足在乙前足的襠部垂直線處（圖45）。

第五節　發放技術

一、發放過程

一個完整的發放過程必須經過四個相對獨立又密切聯繫的階段。

第一階段：「聽」勁明力

全身放鬆跟隨對方運動以探明對方勁路。

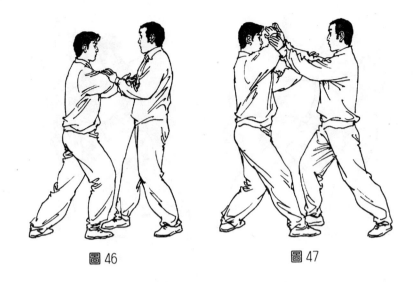

圖46　　　　　　　　圖47

第二階段：引探虛實

用沾、黏法引長對方勁路，以引出對方的整勁。

第三階段：落空待發

用全身內收旋轉的方法將對方的勁力引向身外使其落空，同時蓄勢等待發放時機。

第四階段：順勢發放

待對方落空後重心浮起時，順著對方的勁路方向將其發放出去。

二、發放動作例析

1. 甲右手掤承乙雙手按勁（圖46）。

2. 甲繼續用掤勁後退將乙按勁引長（圖47）。

3. 甲全身內收右轉將乙按勁引向身體右側，使乙撲空

圖48　　　　　　　　圖49

（圖48）。

　　4.甲以攦勁（使乙身體扭轉）、按勁（捆緊乙身）、擠勁（前推乙）的合勁將乙發出（圖49）。

第二章　太極推手盤手練習

第一節　單推手

一、平圓單推手

【開始動作】：

雙方互搭右手，左手自然下垂（圖50）。

圖50

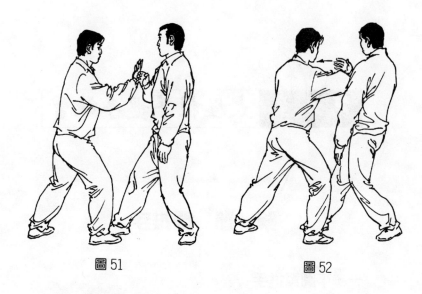

圖51　　　　　　　　圖52

【動作過程】：

1.甲按，乙掤

　　甲翻轉右掌用掌心向前平推乙之右腕部，同時右腿前
弓，重心略向前移，其目的是以右掌將乙腕按向乙之右胸部
（圖51）；乙用掤勁將右掌向後回收，同時左腿微屈，重
心後移（圖52）。

圖 53　　　　　　　　　圖 54

2. 乙攦，甲隨

乙重心繼續後移，上體隨之向右轉動，並以右掌攦引甲之右手，使其不能觸及胸部而落空；甲按勁落空後，手臂放鬆跟隨（圖53）。

3. 乙按，甲掤

接上動，乙隨即翻掌用右掌向前平推甲之手腕部，其目的是要按逼甲之右胸部；甲用右手掤承乙按勁，順勢收回右臂，屈左腿，重心後移（圖54）。

圖 55

4.甲攦，乙隨

甲重心繼續後移，上體右轉，使乙之右掌落空；乙落空後放鬆跟隨（圖 55）。

兩人如此循環練習，推手的路線應呈一個平圓形。

【要點】：

1.明確推手的基本原理是一化一發。攦時，首先要有內收旋轉的化勁將對方的按勁引向體外，繼之用橫勁攦，不可硬撥。

2.勁法分明，層次清晰。

【易犯錯誤】：

1.漫無目的的畫圈。

2.用橫勁阻撓對方化勁。

圖 56

3. 進按不夠深入，退化不敢引勁上身，雙方都出不了功夫。

【糾正方法】：

1. 認真對待畫圈，仔細體會勁別。

2. 加大進、退幅度。

以下立圓單推手、折疊單推手之要點、易犯錯誤及糾正方法與平圓單推手類同。

二、立圓單推手

【開始動作】：

雙方保持遠距離，互搭右手，左手自然下垂（圖56）。

圖 57   圖 58

【動作過程】：

1.甲按，乙掤

甲翻轉右掌用掌心向前、向上推按乙之手腕部，意在推按乙的面部，同時右腿前弓，重心略前移；乙以右手掤承甲之按勁，順勢引臂上舉，同時左腿微屈，重心略後移（圖57）。

2.乙攦，甲隨

乙重心繼續後移，上體隨之右轉，將甲的右掌引向頭部右側，使之落空；甲則鬆臂跟隨（圖58）。

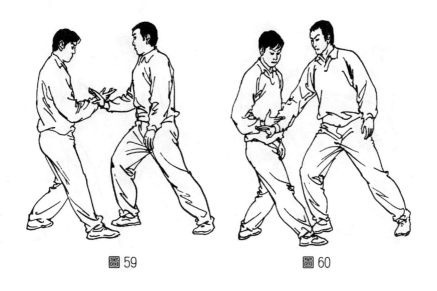

圖 59 　　　　　　 圖 60

3. 乙按，甲掤

乙順勢將右掌翻轉，向下、向前推按，意在按甲之右肋部；甲則用右手掤承乙之來勁，右臂順勢回收，同時屈左腿，重心後移（圖59）。

4. 甲攦，乙隨

甲重心繼續後移，上體隨之右轉，將乙之右手攦引向體之右側，使之落空；乙落空後則鬆臂跟隨（圖60）。

兩人如此循環練習，雙方推的路線應呈一個立圓形；甲乙雙方也可互換練習，其方法如下：

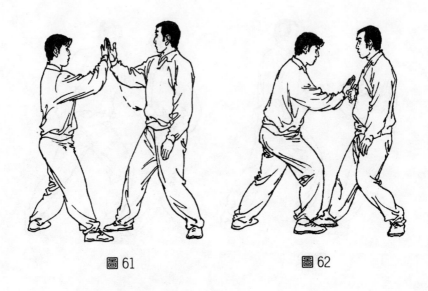

圖61　　　　　　　圖62

1. 甲按，乙掤（圖61、圖62）
2. 乙攦，甲隨（圖63）
3. 乙按，甲掤（圖64）
4. 甲攦，乙隨（圖65）

三、折疊單推手

【開始動作】：

兩人互搭右手，左手自然下垂（圖66）。

【動作過程】：

1. 甲按，乙掤

甲翻轉右掌，用掌心向前、向上推按乙之手腕部，意在推按乙的面部，同時右腿前弓，重心略前移；乙則掤承甲之

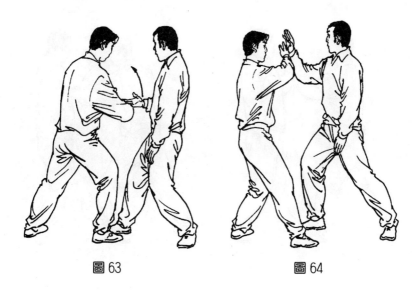

圖 63　　　　　　　　圖 64

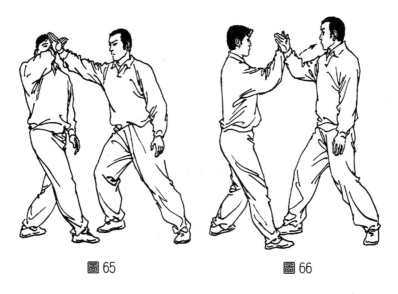

圖 65　　　　　　　　圖 66

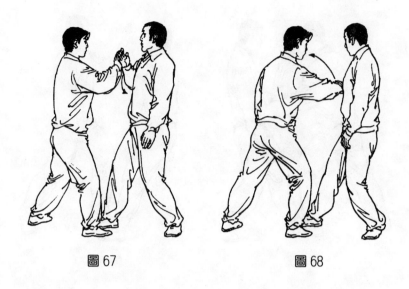

圖 67　　　　　　　　　　圖 68

按勁，同時左腿微屈，重心略後移（圖67）。

2.乙按攦，甲隨

乙重心繼續後移，右手掌心翻轉按壓甲腕部，上體隨之右轉，將甲的右掌引向體之右側；甲落空後鬆臂跟隨（圖68）。

3.乙按，甲掤

乙翻轉右掌向前、向上推按甲之手腕部，意在推按甲面部；甲則掤承乙之按勁後退（圖69）。

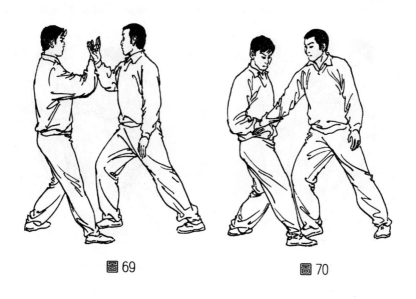

圖 69 圖 70

4. 甲按攦，乙隨

甲重心繼續後移，右手掌心翻轉按壓乙腕部，上體隨之右轉橫攦，將甲之右手引向體之右側；乙落空後鬆臂跟隨（圖70）。

兩人如此循環練習，雙方推的路線應呈現一個「∞」（橫的8字）形。

圖 71 　　　　　　　　圖 72

第二節　雙推手（揉肘）

一、平圓雙推手

【開始動作】：

右搭手勢（圖71），參見第一章第一節。

【動作過程】：

1. 甲按，乙掤

甲右手翻轉，掌心按在乙右手腕上，左手在乙右肘部，
兩手向前推按乙右臂，逼向乙胸部；乙則右臂掤承甲按勁後
引，左腿微屈，重心略後移（圖72）。

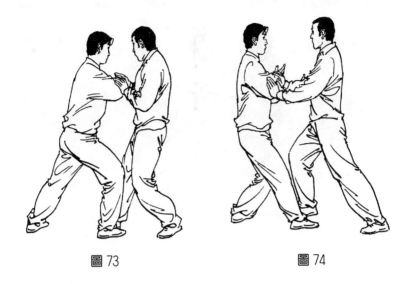

圖73 圖74

2.乙攦，甲隨

乙重心繼續後移，同時身體右轉，兩手橫攦，將甲之來勁引向體右側；甲落空後鬆臂跟隨（圖73）。

3.乙按，甲掤

乙右掌翻轉，掌心按在甲腕部，左手在甲肘部，兩手向前推按甲右臂，逼向甲胸部；甲則右臂掤承乙按勁後引，左腿微屈，重心略後移（圖74）。

圖 75

4.甲攦，乙隨

甲雙手將乙按勁攦向體之右側，乙落空後鬆臂跟隨（圖
75）。

此勢可以反覆循環練習。

【要點】：

1. 雙推手必須是始終一手管住對方肘部，另一手管住對
方腕部。

2. 按時必須有逼肘（揉肘）的動作。

3. 化勁時，必須先化肘勁，後化手勁，將腰襠勁節節貫
穿地傳到手上。

【易犯錯誤】：

1. 按進時無逼肘動作，按逼難度不夠，化勁時不能節節
貫穿地將來勁引開，而是橫撥來勁。

圖 76

2. 易犯與平圓單推手類似的錯誤。

【糾正方法】：

體會節節貫穿。

以下立圓雙推手、折疊雙推手之要點、易犯錯誤及糾正方法與平圓雙推手類同。

二、立圓雙推手

【開始動作】：

雙方做右搭手勢（圖 76），參見第一章第一節。

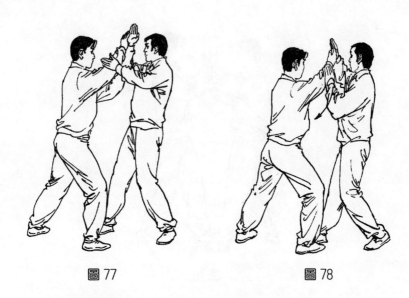

圖77   圖78

【動作過程】：

1. 甲按，乙掤

甲兩手向前、向上推按乙右臂，逼向乙面部；乙則掤承甲按勁並向後引，左腿微屈，重心略後移（圖77）。

2. 乙攦，甲隨

乙重心繼續後移，上體隨之右轉，將甲的按勁引向體之右側；甲落空後鬆臂跟隨（圖78）。

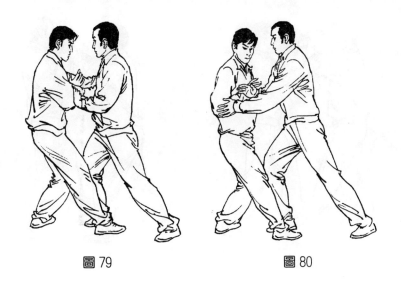

圖 79   圖 80

3. 乙按，甲掤

乙翻轉右掌，掌心按在甲右腕部，左手按甲右肘部，逼向甲右肋部；甲則以右臂掤承乙按勁後引（圖 79）。

4. 甲擺，乙隨

甲重心繼續後移，上體隨之右轉，將乙的按勁引向體之右側；乙落空後鬆臂跟隨（圖 80）。

兩人如此循環練習，雙方推的路線應呈一個立圓形。兩人互換練習時，動作要領不變。方法可參考立圓單推手的換位練習法。

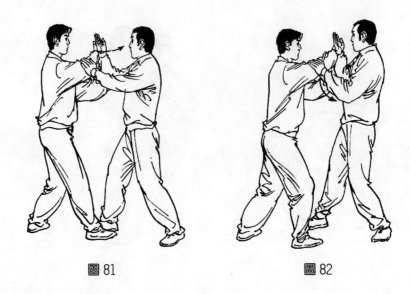

圖 81 圖 82

三、折疊雙推手

【開始動作】：

雙方做右搭手勢（圖 81），參見第一章第一節。

【動作過程】：

1. 甲按，乙掤

甲兩手向前、向上推按乙右臂，逼向乙面部；乙則以右臂掤承甲按勁後引（圖 82）。

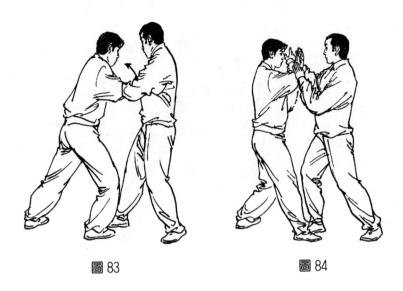

圖 83   圖 84

2.乙按攦，甲隨

乙重心繼續後移，兩手翻轉壓在甲右臂上，下按並向右攦，將甲按勁引向身體右側；甲落空後鬆臂跟隨（圖83）。

3.乙按，甲掤

乙兩手向前、向上推按甲右臂，逼向甲面部；甲則以右臂掤承乙按勁後引，左腿微屈，重心稍後移（圖84）。

圖 85

4. 甲攦，乙隨

甲重心繼續後移，兩手翻轉壓在乙右臂上，下按右攦，將乙按勁引向身體右側；乙落空後鬆臂跟隨（圖85）。

兩人如此循環練習，雙方推的路線應呈一個「∞」（橫的8字）形。

【要點】：

按攦時要按照如下的順序：先化肘，後按對方的腕，再按對方的肘。

圖 86　　　　　　　　　　圖 87

第三節　四正推手

一、四正推手

【開始動作】：

雙方做右搭手勢（圖86），參見第一章第一節。

【動作過程】：

1. 甲攦，乙隨

甲重心稍後移，上體隨之右轉，兩掌向右攦乙右臂；乙掤勁落空後鬆臂跟隨（圖87）。

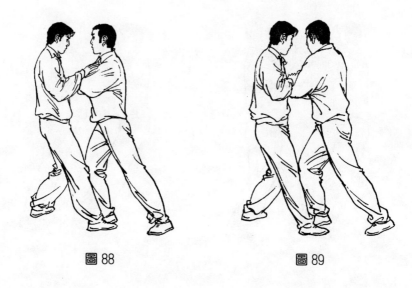

圖88　　　　　　　　圖89

2.乙擠，甲引

乙左手手掌附於右臂內側，以右前臂平擠甲之胸部；甲
攦勁受阻，則重心進一步後移，以便順乙擠勢並進一步引出
其擠勁（圖88）。

3.甲按攦，乙隨

甲在乙擠勁深入時，含胸、坐胯，向左轉腰，兩手下按
乙之右臂，向下、向右化解乙之擠勁；乙擠勁落空後以左臂
掤勁跟隨（圖89）。

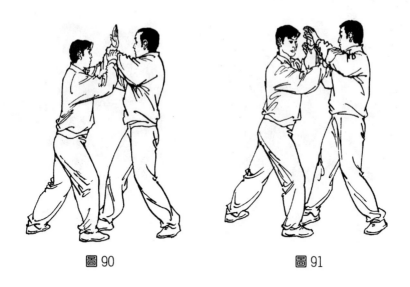

圖90　　　　　　圖91

4. 甲按，乙掤

甲右手隨即移至乙左肘部，左手移至乙右腕部，兩掌向下、向前按逼；乙用左臂上掤甲按勁，右手由下向右繞出，撫於甲之左肘部（圖90）。

5. 乙擺，甲隨

乙兩手引甲之左臂向上、向左擺；甲按勁落空後以右臂掤勁跟隨（圖91）。

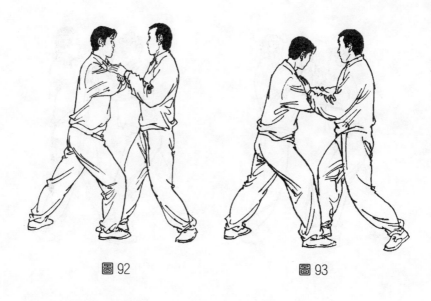

圖 92   圖 93

6. 甲擠，乙引

甲右手立即附於左肘內側，以右前臂向乙胸部擠去；乙
攦勁受阻，則應吸氣後引（圖92）。

7. 乙按攦，甲隨

乙在甲擠勁深入時，兩手下按甲之右臂，同時右轉攦化
甲之擠勁；甲擠勁落空後鬆臂跟隨（圖93）。

8. 乙按，甲掤

乙兩手推甲右臂向前按逼；甲則以右臂上掤乙之按勁，
左手由下繞出，撫於乙之右肘部（圖94）。

圖 94

9. 甲攦，乙隨

同 1，見圖 87。

如此反覆循環練習。

【要點】：

1. 層次清晰，勁法分明。

2. 掤勁貫穿在整個盤手之中，有一種勁力已嵌入對方體內的感覺，猶如入木三分一樣。

【易犯錯誤】：

1. 盲目畫圈，層次不清，勁法不明。

2. 害怕對方侵逼，將手散開，不敢合乎規矩地盤手。

3. 害怕對方侵逼而手臂緊張發硬。

4. 沒有掤承勁和內收勁，易犯「丟」「頂」之病。

圖95　　　　　　　　　　圖96

【糾正方法】：

1. 初學時畫圈宜慢，細細體會動作的層次和勁別。

2. 應從提升功夫的純度入手，正確對待畫圈，敢於引使對方勁力上身。

3. 細細體會勁力的滲透感。

二、四正推手換手法

（一）上換手（掤化捯）

【開始動作】：

甲以左臂上掤乙按勁（圖95）。

圖97　　　　　　　　圖98

【動作過程】：

1.甲攦，乙隨

甲向上、向左攦化乙按勁；乙按勁落空後鬆臂跟隨（圖96）。

2.乙擠，甲引

乙左臂在前做擠勢；甲攦勁受阻則後引乙之擠勁（圖97）。

3.甲按攦，乙掤隨

甲兩手下按，身體向右轉攦化；乙擠勁落空後以右手掤勁跟隨（圖98）。

圖99　　　　　　　　　　圖100

4.甲捋，乙隨

甲向右、向後、向上捋引乙之右手掤勁；乙掤勁落空後鬆臂跟隨（圖99）。

5.乙擠，甲引

乙右臂在前做擠勢；甲捋勁受阻則後引乙之擠勁（圖100）。

如此，甲從左捋變為右捋；乙從右擠變為左擠，從而改變了四正推手的循環路線。

【要點】：

1.用沾勁引出對方，使其重心前衝成背勢。

2.被引一方有前衝感時，應鬆臂隨進。

圖 101

【易犯錯誤】：

1. 引得太快，對方容易察覺。

2. 不等對方出勁，主觀地吸引。

【糾正方法】：

1. 盤手中多做擠逼、按逼的動作，掌握對方出對抗勁的感覺。

2. 吸引時要掤勁不丟，有勁力滲透的感覺。

3. 吸引時仍要從人，速度上只是略快一點。

4. 注意吸氣內收。

(二)中換手（擺化擠）

【開始動作】：

甲以右臂上掤乙按勁（圖101）。

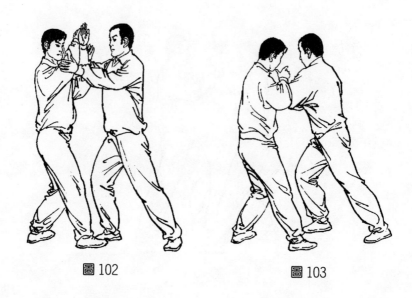

圖 102　　　　　　圖 103

【動作過程】：

1. 甲擺，乙隨

甲向上、向右擺化乙之按勁；乙按勁落空後鬆臂跟隨
（圖 102）。

2. 乙擠，甲擺

乙右臂在前做擠勢；甲順勢用右手領乙之右手，同時左
手擺乙之右肘部，身體略右轉，擺乙右臂（圖 103）。

圖 104 　　　　　　　　　　圖 105

3. 乙隨擠，甲引

乙先微微鬆右臂跟隨甲攦勁，隨即用右臂在前擠甲（圖104）；甲攦勁受阻後則以兩手後引（圖105）。

如此，甲從左攦變為右攦，乙從右擠變為左擠，從而改變了四正推手的循環路線。

【要點】、【易犯錯誤】及【糾正方法】：

同（一）上換手雷同。

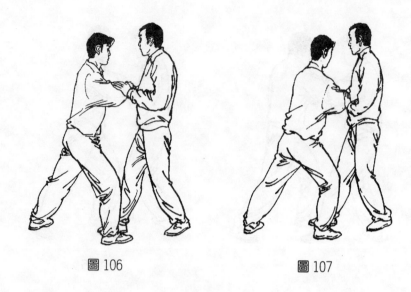

圖106   圖107

（三）下換手（攦化按）

【開始動作】：

甲左臂前做擠勢；乙雙手後引（圖106）。

【動作過程】：

1. 乙按攦，甲掤逼

乙兩手下按，身體右轉；甲以右手用掤勁進逼，使乙按攦勁受阻而出力對抗（圖107）。

圖108　　　　　　　　　　　　圖109

2.甲攌，乙隨

甲隨即以右手領乙右手，左手攌乙右肘，將乙引空；乙按勁落空後鬆臂跟隨（圖108）。

3.甲按，乙掤

甲向上、向前推按乙右臂；乙則上掤甲按勁（圖109）。

如此，乙從原來順勢的左臂變為現在的右臂上掤，從而改變了四正推手的循環路線。

【要點】、【易犯錯誤】及【糾正方法】：

參閱（一）上換手。

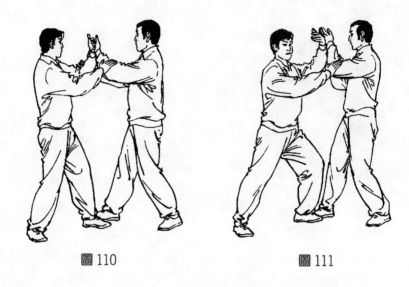

圖110   圖111

第四節　活步推手

一、進三退二四正推手

【開始動作】：

甲左腳在前，置於乙右腳內側；乙右腳在前，置於甲左腳外側，雙方做右搭手勢（圖110）。

【動作過程】：

1.乙攦，甲隨

乙兩手向左攦；甲掤勁落空後鬆臂跟隨（圖111）。

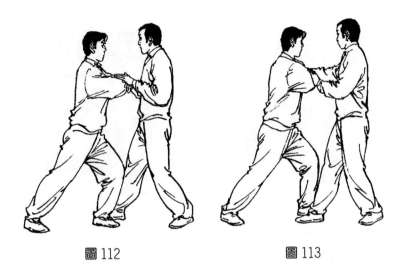

圖112　　　　　　　　　圖113

2. 甲擠，乙引

甲隨即用左臂做擠勢；乙順勢後引（圖112）。

3. 乙按攦（第一步），甲掤隨

乙兩手下按，身體右轉，同時右腳前進一步，落於甲左腳內側；甲則以掤勁跟隨（圖113）。

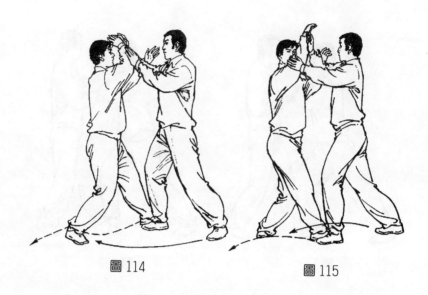

圖114   圖115

4.乙按，甲掤

乙兩手向前按甲右臂；甲重心後移，右手上掤乙按勁，左手自下方繞出撫於乙右肘處（圖114）。

5.甲退攦（第一步），乙進隨（第二步）

甲左腳後退一步，兩手向左攦乙右臂；乙按勁落空後，左腳前進一步，鬆臂跟隨（圖115）。

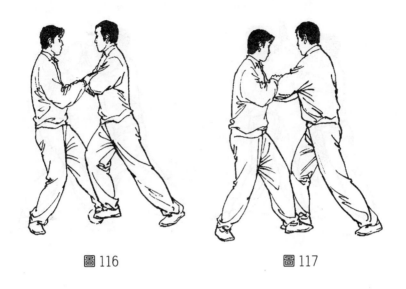

圖116   圖117

6.乙進擠（第三步），甲退引（第二步）

乙右腳再進一步，落於甲左腳內側，右臂在前做擠勢；甲攦勁受阻則右腳再退一步後引乙擠勁（圖116）。

7.甲按攦（第一步），乙掤隨

甲兩手下按，身體左轉，同時左腳前進一步，落於乙右腳內側；乙則以掤勁跟隨（圖117）。

圖118　　　　　　圖119

8.甲按，乙掤

甲兩手向前按乙左臂；乙重心後移，左手上掤，右手自下方繞出撫於甲左肘處（圖118）。

9.乙退攦（第一步），甲進隨（第二步）

乙右腳後退一步，兩手向左攦甲左臂；甲按勁落空後，立即右腳前進一步，鬆臂跟隨（圖119）。

10.甲進擠（第三步），乙退引（第二步）

甲左腳再向前進一步，落於乙右腳內側，左臂在前做擠勢；乙攦勁受阻後則左腳再退一步後引甲擠勁（圖120）。

如此反覆循環練習。

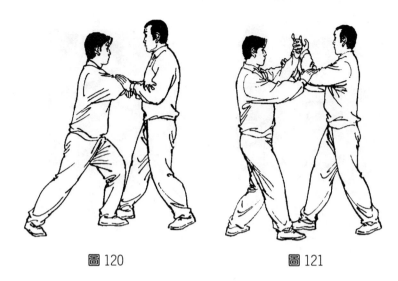

圖 120   圖 121

【要點】：

1. 層次分明，招隨步換。

2. 步法完成，手上正好一圈。

【易犯錯誤】：

1. 手法先完成一圈，步子還沒走完。

2. 注意力在腳步，手上勁別不分。

【糾正方法】：

認真琢磨步法與手法配合的規律，放慢速度，仔細體
會。

二、進三退三四正推手

【開始動作】：

雙方各做拗步左搭手勢（圖 121）。

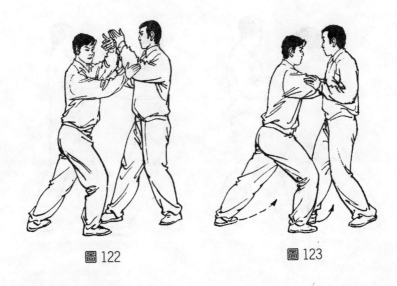

圖 122　　　　　　　　　　圖 123

【動作過程】：

1.乙挒，甲隨

乙向左挒甲左臂；甲鬆臂跟隨（圖 122）。

2.甲擠，乙引

甲左臂在前做擠勢；乙順勢後引（圖 123）。

圖 124   圖 125

3. 乙按擺，甲掤隨

乙向下、向右按擺，重心後移，右腳提起準備進步；甲擠勁落空後，以掤勁跟隨，左腳也隨之提起準備退步（圖124）。

4. 乙進按勁（第一步），甲後退一步並掤乙按勁（第一步）。

乙右腳前進一步，按逼甲；甲以右手上掤乙之按勁，左腳後退一步（圖125）。

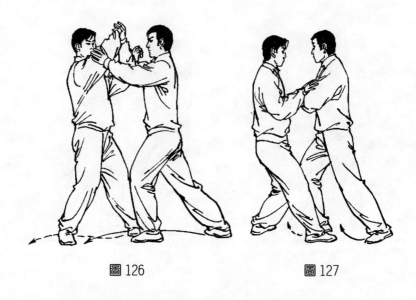

圖 126　　　　　　　　　圖127

5. 甲退擺（第二步），乙進隨（第二步）

甲右腳再退一步，兩手擺乙右臂；乙按勁落空後，左腳前進一步，鬆臂跟隨（圖 126）。

6. 乙進擠（第三步），甲退引（第三步）

乙右腳前進一步，右臂在前做擠勢；甲右腳後退一步，兩手順勢後引乙擠勁（圖 127）。

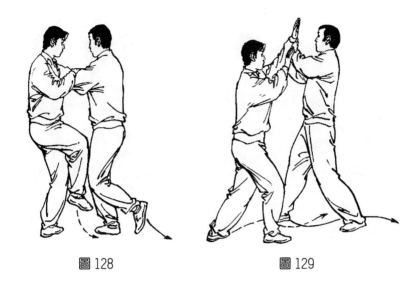

圖 128　　　　　　　　圖 129

7. 甲按攦，乙掤隨

甲向下、向左按攦，同時提起右腳準備進步；乙鬆臂跟隨，左腳也隨之提起（圖128）。

8. 甲進按（第一步），乙退掤（第一步）

甲右腳前進一步，做按勢；乙左腳後退一步，左手上掤甲按勁（圖129）。

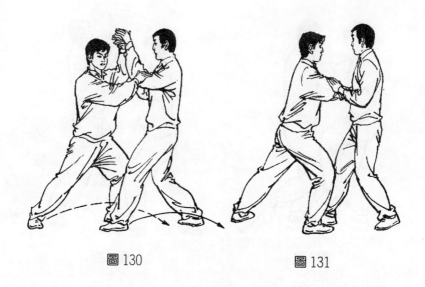

圖130　　　　　　　　圖131

9. 乙退攦（第二步）；甲進隨（第二步）

乙右腳後退一步，攦甲左臂；甲左腳前進一步，鬆臂跟隨（圖130）。

10. 甲進擠（第三步）；乙退引（第三步）

甲右腳前進一步，左臂在前做擠勢；乙左腳後退一步，兩手向後引甲之擠勁（圖131）。

【要點】、【易犯錯誤】及【糾正方法】：
參閱一、進三退二四正推手。

圖 132　　　　　　　　圖 133

三、大攦推手

【開始動作】：

雙方均以右臂做順步單搭手勢（圖 132）。

【動作過程】：

1. 甲引，乙進

甲翻轉右手攦乙右手，左手撫在乙右肘上，同時左腳掌為軸腳跟外轉，右腳隨之收回半步，靠在左腳內側，身體也隨之右轉半面；乙左腳立即跟進半步，與右腳靠攏，身體略有前攻之勢（圖 133）。

圖 134　　　　　　　　　圖 135

2.甲採，乙隨

甲順勢將身體向右後轉，右腳也隨同向右後方退一步，雙腿屈，呈馬步勢同時兩手由攦變採；乙左腳順勢再前進一大步，鬆臂順隨（圖 134）。

3.乙靠，甲肘

乙順甲的採勁，右腳再進一步，落在甲左腳內側（甲之襠內），重心略向前落於右腿上，同時左手附於右臂內側，用肩靠向甲之胸前；甲順乙之靠勢，用左前臂（肘）外旋截住乙之來勁（圖 135）。

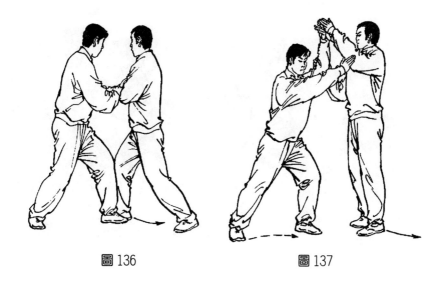

圖 136　　　　　　　　圖 137

4. 乙擠，甲按擺

乙靠勁被甲肘化解，立即右臂放鬆，身體右轉，左臂送勁擠甲胸部；甲重心移向右腿，兩手下按、左擺使乙擠勁落空，同時左腳提起搶進一步，落於乙右腳內側（圖 136）。

5. 甲按，乙掤擺

甲順勢兩手前按乙；乙左手掤承甲之按勁，右手自右臂下抽出撫於甲之左肘，兩手經上向左擺甲右臂，同時右腳收回半步，落在左腳內側（圖 137）。

圖 138　　　　　　　　　　圖 139

6. 乙採，甲隨

乙順勢身體繼續左轉，左腳向左後方退一步，屈兩膝呈馬步，兩手由攦變採；甲順乙的採勁，右腳前進一大步，重心稍向前移並落於右腿上，鬆臂跟隨（圖 138）。

7. 甲靠，乙肘攦

甲左腳再進一步，落在乙右腳內側（乙的襠內），重心略向前落於右腿上，同時右手附於左臂內側，用肩靠向乙之胸部；乙順甲之靠勢，用右前臂（肘）外旋截住甲來勁（圖139）。

8. 甲擠，乙按攦

甲靠勁被乙肘化解，立即左臂放鬆，身體左轉，以右臂

圖140

圖141

送勁擠乙胸部；乙重心移向左腿，順勢右轉身按攦，使甲擠勁落空，同時右腳提起搶進一步，落於甲左腳內側（圖140）。

9.乙按，甲掤攦

乙順勢雙手前按，甲右手掤承乙之按勁，左手自右臂下抽出撫於乙之右肘，兩手經上向左攦化乙右臂之力，同時左腳回收，靠於右腳內側（圖141）。

【要點】：

1. 採與攦的銜接要緊密。

2. 一手採時，另一手應暗含肘捌。

3. 靠時應身法端正，襠勁下沉。

4. 肘化要有手臂的滾轉。

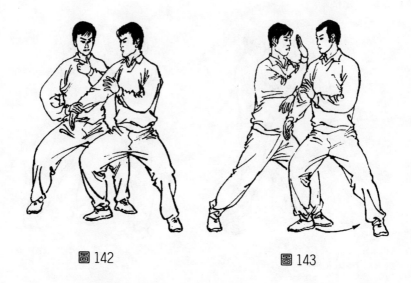

圖142　　　　　　圖143

【易犯錯誤】：

1. 盤手仍是一種配合練習，一方採時，另一方應配合送勁，往往犯不配合的毛病。

2. 靠時身體前傾，以肩撞人。

【糾正方法】：

抽出採、靠動作（如甲採，乙靠）單獨練習。

四、大攦推手換手法

(一)甲捌掌換手

【開始動作】：

乙靠；甲肘（圖142）。

圖144　　　　　　圖145

【動作過程】：

1. 甲捌掌，乙掤

甲用左前臂（肘）旋轉，化開乙的靠勁，然後迅速以右掌直撲乙的面部（是謂撲面掌或閃掌）（圖143）；乙順勢上舉右臂接甲右手，左手附於甲之右肘，同時右腳收回落於左腳內側（圖144）。

2. 乙轉攦，甲進

乙身體右轉90°，兩手右攦；甲右腳進一大步，鬆右臂跟隨（圖145）。

圖 146

圖 147

3. 乙採，甲隨

乙右腳向右後方再退一步，兩手採甲右臂；甲左腳再進一大步，鬆臂順隨（圖 146）。

4. 甲靠，乙肘

甲右腳落於乙左腳內側（乙之襠口），同時左手附於右臂內側，用右肩靠向乙的胸前；乙順甲之靠勢，用左前臂（肘）外旋截住來勁（圖 147）。

（二）乙捌掌換手

【開始動作】：

乙靠，甲肘（圖 148）。

圖 148　　　　　　圖 149

圖 150　　　　　　圖 151

【動作過程】：

1. 乙捋掌，甲掤（圖 149、150）。

2. 甲轉攦，乙進（圖 151）。

圖 152

圖 153

3. 甲採，乙隨（圖 152）。

4. 乙靠，甲肘（圖 153）。

第三章 太極推手基本招式

第一節 掤 式

一、玉女穿梭

【開始動作】：

乙雙手按逼甲兩上臂（圖154）。

圖154

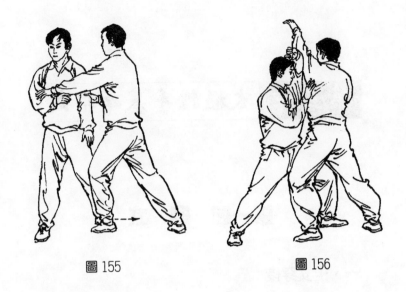

圖 155　　　　　　　圖 156

【技術運用】：

1. 甲側身轉化

甲重心略後移，同時身體右轉化開乙按勁（圖 155）。

2. 甲閃進

甲迅速閃身，左腳進半步插入乙襠內，同時左臂上掤乙左上臂（圖 156）。

3. 甲掤發

甲左臂上掤乙左上臂，右手按乙左肋，兩手合勁向前發放（圖 157）。

圖157

【要點】：

1.運用手臂的滾動。

2.掤其上臂，最好接近腋窩處。

【易犯錯誤】：

1.進手時無旋轉勁，因而不得手。

2.掤其前臂，效果差。

【糾正方法】：

一方進按、一方上掤做喂勁練習。

【喂勁的方法】：

攻方出勁後不可再變勁。招法未熟、勁路未明之前切不可故意變招，阻撓對方用技，學習態度務必誠懇。

以下各式的糾正方法主要是做完整的或部分的喂勁練習，如無特別處，不再重複。

圖 158　　　　　　　　圖 159

二、提手上勢

【開始動作】：

乙雙手向前按逼甲左臂（圖 158）。

【技術運用】：

1.甲上掤

甲重心略後移，左臂向上掤，右手隨之附於乙左肘部
（圖 159）。

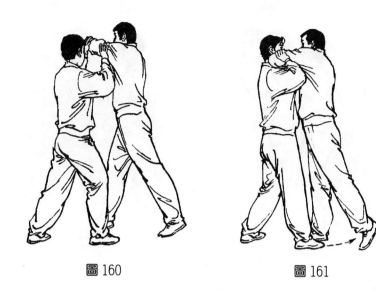

圖 160   圖 161

2. 甲攦

甲兩手向左攦化乙之按勁（圖 160）。

3. 甲掤引

甲迅速以左手掤乙左腕，右手上掤乙左肘，兩手合勁後引，將乙重心吊起（圖 161）。

圖162   圖163

4. 甲掤發

甲兩手上掤並向前發放（圖162）。

【要點】：

先掤引使其重心浮起，然後前發。

【易犯錯誤】：

1. 得手後無後引動作，硬推對方。

2. 發放時丟掉了掤勁。

【糾正方法】：

見「一、玉女穿梭」。

三、白鶴亮翅

【開始動作】：

乙雙手按逼甲兩上臂（圖163）。

圖 164   圖 165

【技術運用】：

1.甲掤攦

甲重心略後移，右臂上掤，身體隨之稍右轉，使乙按勁
落空（圖 164）。

2.甲佔位

甲左腳迅速插入乙襠內，右手上掤乙左上臂，左手按住
乙右臂，使乙成背勢而無法動彈（圖 165）。

圖 166

3.甲掤發

甲向前、向上掤發乙（圖 166）。

【要點】：

1.掤引時由上臂過渡到手掌要自然連貫。

2.發放時掤勁不丟。

3.右手上掤，左手要按定對方，固定其身形，使其不可活變。

【易犯錯誤】：

1.無上臂掤引，直接搶手。

2.右手上掤時，左手忘記配合。

【糾正方法】：

參閱「一、玉女穿梭」。

圖167　　　　　　　　　圖168

四、仆步下勢

【開始動作】：

乙左手在甲右臂上，右手托住甲肘，向前進逼（圖167）。

【技術運用】：

1. 甲掤沉

甲先手掤勁承乙來勁，隨即突然屈膝身體重心下沉，逼使乙撲空而重心浮起（圖168）。

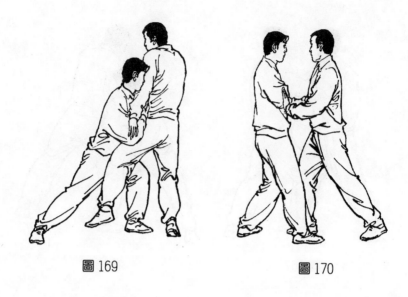

圖169

圖170

2. 甲掤發

甲右肘接住乙左手的勁，右手托住乙左肘。將乙掤起，向前發放（圖169）。

【要點】：

下沉突然，沉發連貫一氣。

【易犯錯誤】：

1. 下沉時身體後坐，而不是襠勁前追。

2. 下沉與發放脫節。

3. 發放時後手無上掤勁，未將對方托起。

圖 171　　　　　　　　圖 172

第二節　攦式

一、摟膝拗步

【開始動作】：
乙雙手按逼甲右臂（圖 170）。
【技術運用】：

1. 甲掤

甲重心略後移，右臂向上掤引乙之按勁（圖 171）。

2. 甲攦

甲兩手右攦，使乙身體扭轉成背勢（圖 172）。

圖173

圖174

3. 甲按發

甲右手攦勁不丟以控制住乙的背勢，左手按乙右肋部向前發放（圖173）。

【要點】：

1. 攦手使對方身體扭轉成背勢。

2. 按發時要先進步以增強推進力。

【易犯錯誤】：

1. 攦前無引手，攦不動對方。

2. 急於按發，容易頂住。

圖 175

圖 176

二、單　鞭

【開始動作】：

乙雙手按逼甲左臂（圖 174）。

【技術運用】：

1. 甲掤

甲重心略後移，左手上掤引乙之按勁（圖 175）。

2. 甲攦

甲兩手向左攦乙左臂（圖 176）。

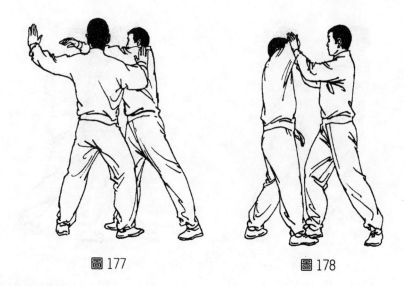

圖 177   圖 178

3. 甲按發

甲右手按乙左肩向前發放（圖 177）。

【要點】：

按發時，左手繼續後引，使乙於不知不覺中陷入背勢，發勁的方向應對準乙的襠口橫面。

【易犯錯誤】：

按發時停了攦手，缺少發放的隱蔽性。

三、扇通臂

【開始動作】：

乙以玉女穿梭式攻甲（圖 178）。

圖 179   圖 180

【技術運用】：

1. 甲攦化

甲身體右轉，閃身攦化（圖 179）。

2. 甲按發

甲右手推乙右腕以控制住乙的背勢，左手按乙右肋向前
發放（圖 180）。

【要點】：

攦化時身體上引，使對方重心在不知不覺中浮起。

【易犯錯誤】：

化勁時只有閃身，沒有上引，對方不前衝，因而進不得
對方身內，無發放的機會。

圖 181　　　　　　　　　　　圖 182

四、閃通臂

【開始動作】：

乙以玉女穿梭式攻甲（圖 181）。

【技術運用】：

1. 甲閃化

甲重心後移，身體右轉，閃身化開乙之按勁（圖182）。

2. 甲採

甲右腳後撤一步，右手採乙右腕，使乙身體失去重心向前飛出（圖 183）。

圖 183

圖 184

3. 甲按發

甲左手按乙後背向前發放（圖 184）。

【要點】：

引採連貫。

【易犯錯誤】：

閃身太急，沒有引足對方。

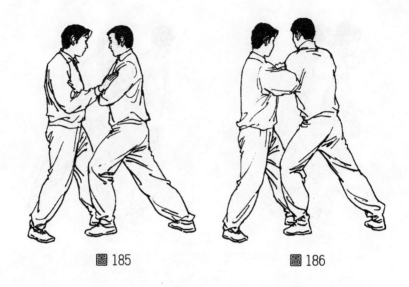

圖 185　　　　　　　　圖 186

第三節　擠　式

一、攦擠式（一）

【開始動作】：

乙右臂在前擠甲（圖185）。

【技術運用】：

1. 甲按攦

甲兩手下按、左攦乙之左臂，使乙身體扭轉成背勢（圖
186）。

圖 187　　　　　　　　　　　圖 188

2. 甲擠發

甲之左手迅速移至右腕部，右前臂抵住乙左上臂，兩手合勁向前擠發（圖 187）。

【要點】：

攦化時運用前臂的滾動，順勢抵住其上臂，將其逼住。

【易犯錯誤】：

未將對方抵住即發放。

二、攦擠式（二）

【開始動作】：

乙雙手按逼甲右臂（圖 188）。

圖 189

圖 190

【技術運用】：

1. 甲重心略後移，右臂上掤以引長乙之按勁（圖 189）。

2. 甲兩手向右攦乙右臂使乙按勁落空（圖 190）。

3. 甲左手抵住乙右上臂，右手附於左腕處，兩手合勁向前擠發（圖 191）。

【要點】及【易犯錯誤】：

請參閱攦擠式（一）。

三、破攦擠

【開始動作】：

1. 甲雙手按逼乙右臂（圖 192）。

2. 乙掤攦

乙左臂上掤以引長甲之按勁（圖 193），隨之兩手向左攦甲左臂（圖 194）。

圖 191

圖 192

圖 193

圖 194

甲擠發

甲左臂順勢逼住乙兩臂，右手附於左腕部，兩手合勁向前擠發（圖 195）。

【要點】：

對方用攦時順勢擠進。

【易犯錯誤】：

跟進不迅速。

四、攬雀尾擠式（正面擠）

【開始動作】：

甲以擠式攻乙，乙兩手下按以破甲擠（圖 196）。

【技術運用】：

1. 甲身體微微後坐，兩臂下沉，使乙按勁落空而重心浮起（圖 197）。

2. 甲擠發

甲隨即兩臂外旋（或內旋）以接住乙勁，兩臂合勁向前擠發（圖 198）。

【要點】：

運用前臂滾動使其按勁落空，並趁其未換勁時擠進，所謂「化一半，留一半」。

【易犯錯誤】：

1. 滾化太多。

2. 後引太多。

圖 195

圖 196

圖 197

圖 198

圖199   圖200

第四節　按　式

一、攬雀尾按式

【開始動作】：

乙以擠式攻甲（圖199）。

【技術運用】：

1.甲下按

甲兩手按壓乙兩肘，使乙重心前傾（圖200）。

2.甲引蓄

甲兩手後引蓄勢，使乙的反抗勁落空而重心浮起（圖

太極推手入門與精進

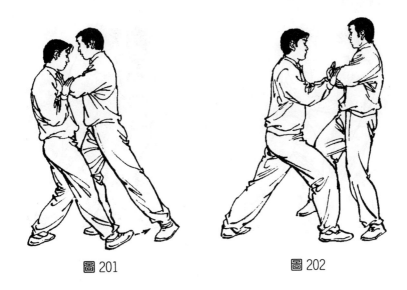

圖201　　　　　　　　圖202

201）。

3. 甲按發

甲向前上方發放（圖 202）。

【要點】：

1. 一按即鬆。

2. 對方重心上浮時發放。

【易犯錯誤】：

1. 不是邊引邊按。

2. 發放時機掌握不準。

圖203　　　　　　　　　　圖204

二、如封似閉（一）

【開始動作】：

乙雙手按壓甲兩上臂（圖203）。

【技術運用】：

1.甲掤引

甲重心略後移，兩臂上掤，後引乙之按勁（圖204）。

2.甲攦分

甲以開勁攦引乙之兩臂，使乙按勁落空而重心浮起（圖205）。

圖 205

圖 206

3. 甲按發

甲就勢按住乙胸部（或按兩上臂）向前發放（圖206）。

【要點】：

分手後引使其身體前傾，重心浮起。

【易犯錯誤】：

1. 分而不引。

2. 發放遲疑。

圖 207

圖 208

三、如封似閉（二）

【開始動作】：

乙雙手按逼甲兩上臂（圖207）。

【技術運用】：

1. 甲掤引

甲重心略後移，兩臂上掤後引乙之按勁（圖208）。

2. 甲分按

甲兩手用開勁由乙兩臂內側外分，隨即兩手向下按壓乙兩上臂，使乙重心前傾（圖209）。

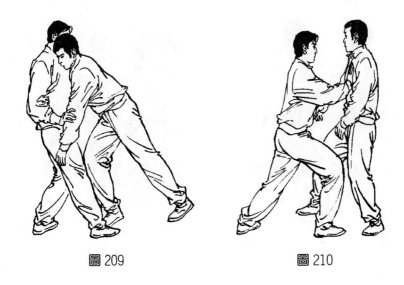

圖 209　　　　　　　　　圖 210

3.甲按發

甲將兩手移至乙胸部，向前發放（圖 210）。

【要點】：

對方進身太多時運用以阻其勢。

【易犯錯誤】：

急於按發。

圖 211　　　　　　　圖 212

四、退步跨虎

【開始動作】：

乙雙手按逼甲右臂（圖 211）。

【技術運用】：

1. 甲掤

甲重心略後移，右臂上掤以引長乙之按勁（圖 212）。

2. 甲繞步進身

甲向右攦化乙之按勁，左腳隨即繞至乙背後（圖 213）。

圖213　　　　　　　　圖214

3. 甲按

甲兩手向後下方按壓乙胯部（圖214）。

【要點】：

邊攦引邊繞步進身。

【易犯錯誤】：

搶步不快、不穩蔽。

圖 215　　　　　　　　圖 216

第五節　採　式

一、倒卷肱

【開始動作】：

乙雙手按逼甲兩臂（圖 215）。

【技術運用】：

1. 甲雲掤

甲身體左轉，左手上掤，引化乙之按勁（圖 216）。

2. 甲雲攦

甲用左手掌向右攦乙之左腕，將乙右臂引向體之右側，同時右手插入乙右腋窩內（圖 217）。

圖 217

圖 218

3. 甲採

甲右手勾採乙右上臂，使乙向前衝出（圖 218）。

4. 甲按發

甲左手按乙後背向前發放（圖 219）。

圖 219

【要點】：

1. 將對方手臂引向體側後方可採手。

2. 採手有力。

【易犯錯誤】：

攦、採配合不協調。

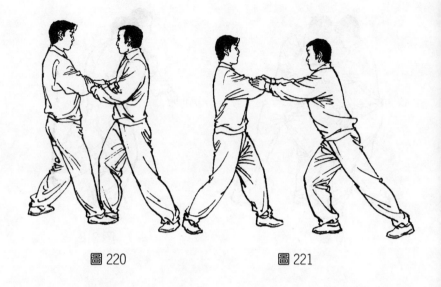

圖220　　　　　　　　圖221

二、單鞭（採式）

【開始動作】：
乙雙手按逼甲右臂（圖220）。
【技術運用】：

1. 甲掤

甲前腳後退一步，右臂上掤以引長乙之按勁（圖221）。

圖 222   圖 223

2. 甲採

甲右手向後採乙右腕，使乙向前衝出（圖222）。

3. 甲按發

甲左手按乙之右後背向前發放（圖223）。

【要點】：

對方身體衝前方可後採。

【易犯錯誤】：

採手過急，使不上勁。

圖 224　　　　　　　圖 225

三、海底針

【開始動作】：

乙雙手按逼甲右臂（圖 224）。

【技術運用】：

1. 甲掤

甲右臂上掤以引長乙之按勁（圖 225）。

圖 226   圖 227

2. 甲下採

甲右手採乙右腕，向下採，使乙受震動而重心浮起（圖
226）。

3. 甲按發

甲左手按乙右上臂，右手推乙右腕，兩手合勁向前發放
（圖 227）。

【要點】：

採手輕快、速沉，使對方受震而重心浮起。

【易犯錯誤】：

1. 採手過硬，力不鬆透。

2. 身體不沉墜。

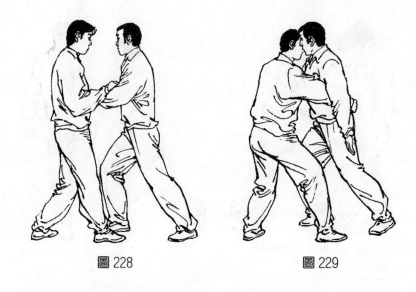

圖 228   圖 229

四、抱虎歸山

【開始動作】：

乙雙手按逼甲腹部（圖 228）。

【技術運用】：

1. 甲分插

甲兩手向外攦化，分開乙兩臂，隨即身體左轉，將右手插入乙左腋下（圖 229）。

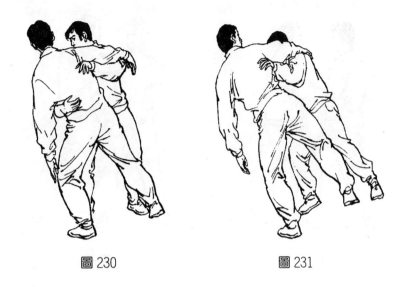

圖 230　　　　　　　　圖 231

2. 甲掤

甲以右手勾採乙腰之左側，左手橫捌乙腰之右側，使乙向前衝出（如果發勁乾脆，即可使乙倒地，圖 230）。

3. 甲按發

甲向前將乙發出（圖 231）。

【要點】：

1. 勾採要有旋勁，可使對方直接倒地。

2. 採、按發放連貫一氣。

【易犯錯誤】：

1. 不是順勢後採。

2. 採、發不連貫。

圖 232　　　　　　　　　圖 233

第六節　捌　式

一、野馬分鬃

【開始動作】：

乙雙手按逼甲兩臂（圖 232）。

【技術運用】：

1. 甲雲掤

甲重心略後移，右臂上掤，身體隨之右轉，化開乙按勁
（圖 233）。

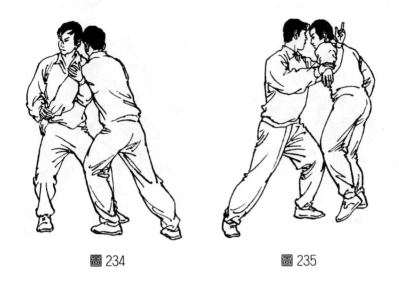

圖 234　　　　　　　　圖 235

2. 甲採掤

甲右手採乙左腕，左手插入乙左腋下，上掤乙左上臂，使乙受震動而重心浮起（圖 234）。

3. 甲挒發

甲兩手繼續控制住乙左臂，向右用橫勁挒發（圖 235）。

【要點】：

挒發時掤、按勁不丟。

【易犯錯誤】：

手上丟勁。

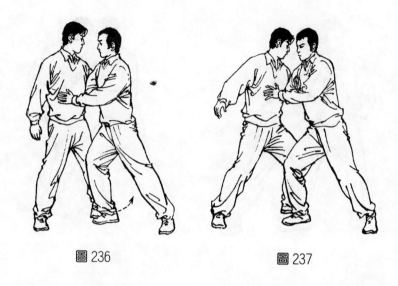

圖236   圖237

二、搬攔捶（一）

【開始動作】：

乙右手插入甲左腋下，左手按乙胸部，欲將甲掤起；甲左手用掤勁抵住乙之攻勢（圖236）。

【技術運用】：

1. 甲搬

甲左腳向左側跨一步，左手勾帶乙右臂，使乙重心向其右側傾斜（圖237）。

圖 238

圖 239

2. 甲捯發

甲上身迅速壓進，右臂橫向捯發，使乙失去身體重心（圖 238）。

【要點】：

勾採與發勁連貫一氣。

【易犯錯誤】：

1. 橫步勾採無力，對方身體不搖。

2. 發放時無下按勁，雖然打動對方，卻不能致其倒地。

三、搬攔捶（二）

【開始動作】：

甲乙分別將右手插入對方左腋下，左手抵住對方左肋部（圖 239）。

圖 240　　　　　　　　圖 241

【技術運用】：

1. 甲掤引

甲右臂向前上方掤乙，引出乙反抗勁，隨即甲順著乙勁向右側橫帶，使乙重心前傾（圖 240）。

2. 甲橫搬

待乙欲調整重心，身體向右側移動時，甲左手迅速勾採乙右臂，右臂搬乙左腋窩，兩手合勁將乙捌出（圖241）。

【要點】：

左手發放時，右手要配合攦採。

【易犯錯誤】：

只有一手勁。

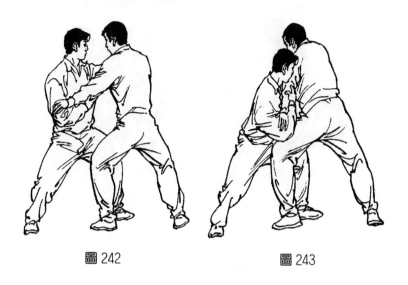

圖 242　　　　　　　　圖 243

四、彎弓射虎

【開始動作】：

甲乙雙方互相以左手抵住對方右上臂，右手托住對方左肘部（圖242）。

【技術運用】：

1. 甲掤沉

甲兩手微微向前上方送勁，待引出乙對抗勁後，突然重心下沉，使乙撲空而向前衝出（圖243）。

圖 244　　　　　　　圖 245

2.甲捯發

甲左手向下採按乙右臂，右手控制住乙左臂，橫向發勁
（圖 244）。

【要點】：

下沉與捯發連貫一氣。

【易犯錯誤】：

下沉時重心後坐。

第七節　肘　式

一、打虎式

【開始動作】：

乙雙手按逼甲胸部（圖 245）。

圖 246

圖 247

【技術運用】：

1. 甲掤引

甲右手上掤乙左臂，左手攦乙右臂，重心微後移以引長乙之按勁，使乙重心浮起（圖 246）。

2. 甲肘按挒發

甲先以左肘下按乙右臂，接著右手橫向挒乙右上臂，將乙發出（圖 247）。

【要點】：

甲左肘下按與右手挒發要動作連貫。

1. 左手按攦使其旋轉。

2. 橫挒勁身體前壓。

【易犯錯誤】：

1. 重心不壓上，挒勁不足。

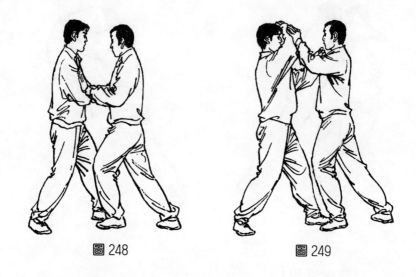

圖248　　　　　　　　　　圖249

2. 捌發時，丟掉了左手的按擟勁。

二、當頭炮

【開始動作】：

乙雙手按逼甲右臂（圖248）。

【技術運用】：

1. 甲掤

甲重心微後移，右臂上掤以引長乙之按勁（圖249）。

2. 甲擟

甲右手外旋採乙右腕，左前臂外旋，滾動擟乙右上臂，將乙重心拔起並使其身體處於僵硬狀態（圖250）。

圖 250   圖 251

3. 甲擠發

甲以左前臂抵住乙右上臂，右手執拿乙腕部，兩手合勁前擠，將乙發出（圖 251）。

【要點】：

採手、挫臂配合協調。

【易犯錯誤】：

採手與挫臂配合不協調，往往丟掉一勁，對方身體仍有活動餘地。

圖 252　　　　　　　　　圖 253

三、披身捶

【開始動作】：

乙雙手按逼甲左臂（圖252）。

【技術運用】：

1. 甲掤

甲重心微後移，右手上掤以引長乙之按勁（圖253）。

圖 254　　　　　　　　圖 255

2. 甲攦

甲身體左轉，兩手左攦化開乙之按勁（圖 254）。

3. 甲挒發

甲左手下採乙左腕，右前臂向斜前方挒乙左上臂，將乙發出（圖 255）。

【要點】：

採勁與挒勁配合協調。

【易犯錯誤】：

前臂不滾動，挒勁效果差。

圖 256　　　　　　圖 257

四、肘底捶

【開始動作】：
乙雙手按逼甲右臂，甲以掤勁承接（圖256）。
【技術運用】：

1. 甲沉化

甲突然收腹含胸，重心下沉，使乙按勁落空而重心浮起
（圖257）。

2. 甲擠發

甲以右前臂接住乙手上的勁，左手管住乙右肘，整體前
擠，將乙發出（圖258）。

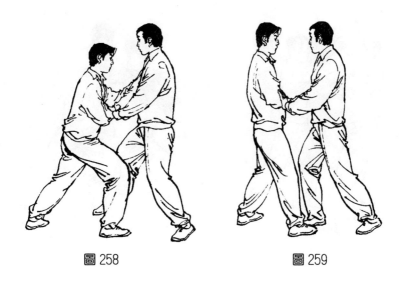

圖 258   圖 259

【要點】：

引空即發，要「化一半，留一半」。

【易犯錯誤】：

引得太深，對方容易察覺。

第八節　靠　式

一、斜飛式

【開始動作】：

乙雙手按逼甲右臂（圖259）。

圖260　　　　　　　　　圖261

【技術運用】：

1.甲掤

甲重心微後移，右手上掤，引長乙之按勁（圖260）。

2.甲攦進

甲兩手向右攦乙右臂，同時左腳進步套住乙右腳（圖261）。

圖 262　　　　　　　　圖 263

3. 甲靠發

甲右手採乙右腕，左肩向前靠乙肋部，將乙發出（圖262）。

【要點】：

1. 襠勁下沉，整體前靠。

2. 繞步進身迅速。

【易犯錯誤】：

1. 襠勁下沉，身體傾斜。

2. 靠發時丟掉了右手的採勁。

二、背折靠

【開始動作】：

乙左手向後採甲左腕（圖263）。

圖264　　　　　　　　圖265

【技術運用】：

1.甲進化

甲左腳進半步，降低重心，鬆左臂使乙採勁落空（圖264）。

2.甲背靠

甲突然回折，以左肩背連帶左上臂向左後方靠乙肋部，將乙發出（圖265）。

【要點】：

進步宜深，回折有力。

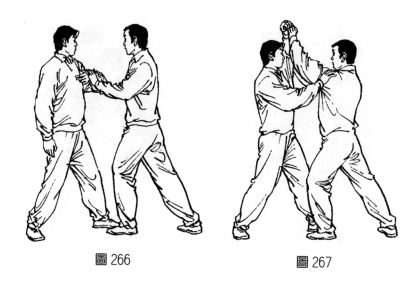

圖 266 圖 267

【易犯錯誤】：

1. 進步不深，化不淨對方的採勁。

2. 回折時後腿不蹬送，發不出勁。

三、馬步靠

【開始動作】：

乙雙手按逼甲左臂（圖 266）。

【技術運用】：

1. 甲掤

甲重心微後移，左臂上掤以引長乙之按勁（圖 267）。

圖 268　　　　　　　　圖 269

2.甲攦

甲雙手向左攦乙左臂（圖 268）。

3.甲靠發

甲前腳迅速插入乙兩腿間（襠內），上體欺進，右手控
制住乙的身體，以左肩靠乙肋部，將乙發出（圖 269）。

【要點】：

邊攦邊進，佔住主動。

【易犯錯誤】：

進步遲緩逼手不緊。

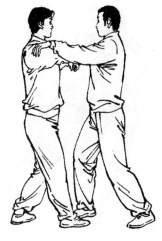

圖 270   圖 271

四、雙分靠

【開始動作】：

乙雙手按逼甲兩臂（圖 270）。

【技術運用】：

1. 甲掤

甲重心微後移，兩臂上掤以引長乙之按動（圖 271）。

圖 272   圖 273

2. 甲分

甲兩手以開勁攦乙雙臂，使乙按勁落空，身體前傾，重心浮起（圖272）。

3. 甲肩靠

甲兩手繼續向外分開乙兩臂，同時以右肩靠擊乙胸部，將乙發出（圖273）。

【要點】：

1. 分勁後引使其重心浮起。

2. 靠發時插步宜深。

【易犯錯誤】：

1. 有開勁無引勁。

2. 靠發時身體前傾。

附 武術太極推手競賽規則

· 1994 ·

中華人民共和國體育運動委員會　審定

説　明

　　本規則適用於全國性和較大規模的比賽。
基層單位比賽時，可根據當地實際情況參照使
用，但在執行規則時，一定要本著「安全第
一」的原則，認真組織好競賽。

目　錄

第一章
通　則

第一條　競賽性質

一、個人競賽：

在個人所屬的級別內，以所取得的比賽成績確定個人名次。

二、團體競賽：

按競賽規程規定，以被錄取的運動員成績之和確定團體名次。

第二條　競賽辦法

根據競賽規模、人數，可分為單循環、分組循環、單敗淘汰或雙敗淘汰制。

第三條　性別分組和年齡規定

一、性別分組：

分男子組和女子組。

二、年齡規定：

50周歲以內（含50周歲）。

第四條 體重分級

一、48公斤級（48公斤，含48公斤以下）

二、52公斤級（48公斤以上至52公斤）

三、56公斤級（52公斤以上至56公斤）

四、60公斤級（56公斤以上至60公斤）

五、65公斤級（60公斤以上至65公斤）

六、70公斤級（65公斤以上至70公斤）

七、75公斤級（70公斤以上至75公斤）

八、80公斤級（75公斤以上至80公斤）

九、85公斤級（80公斤以上至85公斤）

十、85公斤以上級。

第五條 稱量體重

一、由檢錄組負責稱量體重，裁判組、編排記錄組配合完成。

二、運動員在賽前兩小時內到指定地點稱量體重（稱量時只穿短褲），並在一小時內稱完，逾時作該場棄權論。

三、稱量體重時，先由體重輕的級別開始，如體重低於所報級別時，仍可在原級別比賽；如體重超出原報級別，在規定時間內降不到原級別時，則不準參加比賽。

四、運動員經過健康檢查和稱量體重後，即進行抽簽，遇有特殊情況（如本級別只有一人，需升級參加比賽）應經大會批准。

第六條　太極拳考核

比賽前運動員必須參加一項太極拳考核（競賽套路或傳統套路均可，按 1993 年太極拳、劍競賽規則評分）。

考核分不足 8 分者，取消參加太極推手比賽資格。

第七條　競賽中的禮節

一、「入場」：裁判員列隊入場，站在場地中央，面向裁判長席。介紹裁判員時，被介紹者應成立正姿勢向觀眾行抱拳禮，然後邊裁判員站到場地一側，面向場內。

二、運動員進場後，站在主裁判員兩側，面向裁判長。介紹運動員時，被介紹者應成立正姿勢向觀眾行抱拳禮，然後相互行抱拳禮。

三、每場比賽結束時，運動員在聽候主裁判員宣佈比賽結果後，先向裁判員行抱拳禮，再相互行抱拳禮，方可退場。

第八條　服　裝

動員員必須穿太極推手比賽服裝比賽。

第九條　競賽局數和時間

每場比賽兩局，每局淨推三分鐘，局間休息一分鐘。

第十條　競賽中的信號

一、每局賽前五秒鐘，計時員鳴哨通告準備；鳴鑼宣告每局比賽結束。

二、場上主裁判員用口令和手勢裁定比賽。

三、場上邊裁判員用旗勢和手勢配合主裁判員裁定。

第十一條　競賽中的有關規定

一、運動員必須遵守比賽規則，嚴肅認真地進行比賽，嚴禁故意傷人。

二、凡沒有參加太極拳比賽或成績不足8分者，均取消參加太極推手比賽資格。

三、教練員和本隊醫生應坐在指定位置，局間休息時，允許給運動員進行按摩和指導。比賽時不得在場下呼喊或暗示指導。

四、比賽時運動員不得要求暫停，遇有特殊情況，需向場上主裁判員舉手示意。

五、運動員不可留長指甲、不可戴手錶和易傷及對方的物品上場比賽。

第十二條　棄　權

一、比賽期間，運動員因傷病不宜參加比賽時，須有大會醫生證明，作棄權論。

二、三次檢錄未到，或檢錄後自行離開者，作棄權論。

三、比賽中，運動員可舉手要求棄權，教練員也可向場上裁判員舉旗要求棄權，運動員擅自終止比賽，作棄權論。

第二章
裁判人員及其職責

第十三條　裁判人員的組成

一、總裁判長1人，副總裁判長1～2人。

二、裁判組：

裁判長、記錄員、示分員、計時員各1人。

場上主裁判員1人，場上邊裁判員1人。

三、編排記錄組：

編排記錄長1人，編排記錄員2～3人。

四、檢錄組：

檢錄長1人，檢錄員2～3人。

五、宣告員1～2人。

六、醫務人員2～3人。

第十四條　裁判人員的職責

裁判人員在大會組委會的領導下，嚴肅、認真、公正、準確地做好裁判工作，其職責如下：

一、總裁判長：

（一）領導裁判人員學習競賽規則、規程、講解裁判法。

（二）負責裁判組的分工。

（三）根據競賽規程和規則的精神，解決競賽中的有關問題，但無權修改競賽規則和規程。

（四）比賽中指導裁判組的工作，有權調動裁判員的工作。在裁判工作有爭議時，有權作出最後決定。

（五）賽前組織裁判長檢查落實場地、器材和有關裁判用具。

二、副總裁判長：

協助總裁判長工作，總裁判長缺席時可代行其職責。

三、裁判長：

（一）組織裁判組的業務學習，落實有關事宜。

（二）檢查比賽用具，審核簽署記分表。

（三）比賽中，主裁判員與邊裁判員的意見不一致時，可作最後決定。

（四）比賽中，對裁判員的工作進行監督檢查，發現問題時，有權暫停比賽並進行處理。

四、場上主裁判員：

（一）對臨場運動員進行安全檢查，如發現有與規則不符者，應及時糾正。

（二）用口令和手勢判定比賽中的得分。

（三）宣佈比賽結果。

五、場上邊裁判員：

協助主裁判員工作，如有錯判或漏判時，應及時用旗勢和手勢向主裁判員示意。

六、記錄員：

（一）根據場上主裁判員的裁決，準確地記錄雙方運動

員的得分、罰分、犯規等事宜。

（二）一方判罰達 4 分，應及時報告裁判長停止比賽。

（三）比賽結束後，應及時整理比賽成績，報告裁判長。

七、示分員：

根據場上主裁判員的裁決，及時、準確地示出雙方運動員的得分和罰分。

八、計時員：

準確掌握比賽時間，通告比賽開始和結束。

九、編排記錄組：

（一）審核報名表，編排秩序冊。

（二）負責各體重級別的運動員抽簽，編排每場比賽秩序表。

（三）準備競賽中所需要的各種表格。

（四）登記和公佈各場比賽成績。排列競賽名次。

十、檢錄組：

（一）比賽前 20 分鐘開始點名，按規則要求檢查運動員服裝等事宜。

（二）負責稱量運動員的體重。

（三）處理運動員賽前臨時事宜，如有棄權者及時報告裁判長及有關人員。

十一、宣告員：

在比賽過程中，報告比賽成績，介紹競賽規程、規則和比賽項目的特點以及大會審查過的宣傳材料。

十二、醫務人員：

（一）審核運動員的「體格檢查表」。

(二)負責競賽中的醫務監督和現場急救處理。對傷病運動員能否參加比賽提出建議。

第三章
裁判方法及評分標準

第十五條　競賽法則

一、在比賽中必須貫徹「沾連黏隨」、「剛柔相濟」的原則。

二、必須採用「掤、捋、擠、按、採、挒、肘、靠」（簡稱八法）的技術進行比賽。

第十六條　比賽的方法和攻擊部位

一、第一局右腳在前互搭右手；第二局互換場地，左腳在前互搭左手。

二、每局開始時，運動員上同一側腳成自然步，前腳心踩於中心點，搭好手。當場上主裁判員發出開始信號後，以「掤、捋、擠、按」手法及相應的步法，在左、右各畫兩圈後，即可進攻對方。

三、攻擊部位限於頸部以下、恥骨以上軀幹和上肢部位。

第十七條　得　分

一、優勢勝利

（一）在比賽中，一方累計分數超出對方達 15 分時，為

該場勝方。

（二）一方受罰達4分時，判對方獲勝。

（三）在一局比賽中，一方出現兩次得5分動作即為該局勝方。

（四）比賽中因對方犯規造成受傷，經醫生檢查不能繼續比賽者，判受傷者獲勝。

（五）比賽中因傷不能堅持比賽者，判對方獲勝。

（六）比賽中運動員或教練員要求棄權時，判對方獲勝。

（七）比賽中凡不會以「掤、捋、擠、按」的手法和相應的步型打輪者，則取消其比賽資格。

二、得1分

（一）使對方出圈者得1分（踩線即為出圈）。

（二）雙方先後出圈，後出圈者得1分。

（三）牽動對方雙足移動者得1分。

（四）兩次消極，對方得1分。

（五）凡違反「侵人犯規」中的1～5條之一者，給予勸告，對方得1分。

（六）凡違反「技術犯規」中的1～3條之一者，給予勸告，對方得1分。

（七）雙方先後倒地，後倒地者得1分。

三、得2分

（一）警告一次，對方得2分。

（二）凡違反「侵人犯規」中的6或7條者，給予警告，對方得2分。

四、得3分

一方倒地（除兩腳以外的身體任何部位接觸地面均為倒地），站立者得3分。

五、得4分

（一）使對方出圈倒地得4分。

（二）凡運用「八法」技術，方法清楚地發放對方倒地者得4分。

六、得5分

凡運用「八法」技術，方法清楚地發放對方出圈並倒地者得5分。

七、不得分

（一）雙方同時出圈或倒地。

（二）雙方對頂超過兩秒（判在原處搭手繼續比賽）。

（三）凡不使用「八法」技術進攻對方者不得分。

第十八條　犯　規

一、侵人犯規

（一）使用硬拉、硬拖、摟抱（單手超出對方身體側面中心線，屈臂、屈腕為摟抱）或用腳勾、踏、絆、跪者。

（二）故意造成對方犯規者。

（三）脫手發力撞擊者。

（四）單、雙手抓住對方衣服或雙手死握對方者（單手順勢除外）。

（五）未發「開始」口令即進攻對方或已發「停止」口令後仍進攻對方者。

（六）使用拳打、頭撞、撅臂、擒拿、抓頭髮、點穴、肘尖頂、撈襠、掃腿、膝撞、扼喉等動作者。

（七）攻擊規則中規定以外的身體部位者。

凡違反以上規定者均給予勸告或警告。

二、技術犯規

（一）未畫完左、右各兩圈搶先進攻者。

（二）比賽中對裁判員不禮貌或不服從裁判者。

（三）比賽中進行場外指導者。

三、罰　則

（一）違反「侵人犯規」1～5條之一，每犯規一次，判勸告一次。

（二）違反「侵人犯規」6～7條之一，每犯規一次，判警告一次。

（三）技術犯規一次，判勸告一次。

第十九條　評定名次

一、比賽結束後，計算運動員的得分，得分多者為勝方。

二、得分相等時，按下列原則處理：

（一）按太極拳套路考核成績評定，得分高者為勝方。

（二）如仍相等，以體重輕者為勝方。

（三）如仍相等，以警告少者為勝方。

（四）如仍相等，以勸告少者為勝方。

三、以上各條如仍相等時，則判為平局。如採用淘汰制比賽時，應增加比賽局數，直至分出勝負。

第二十條　確定名次

一、個人名次：

(一) 循環制

1.全部比賽結束後，根據運動員的積分總和確定名次，積分多者名次列前。

2.如兩人積分相等時，則按該兩人比賽的勝負確定名次，勝者列前。

3.如兩人積分相等，該兩人在比賽中又為平局，則以絕對勝利次數多者名次列前；如再相等，則以在比賽中受罰少者名次列前；如受罰次數也相等，按決賽或預賽的淨得分數多少確定，多者列前。

4.如兩人以上積分相等，則以他們之間的比賽勝負確定名次。

5.如兩人上述積分相等，而又為循環互勝，則按本項「3」處理；如仍相等，名次並列。

(二) 淘汰制

依據競賽規則第十九條決定名次。

二、團體名次：

(一) 按每單位運動員在各級別競賽中被錄取名次得分之總和確定名次（計分方法按當年規程規定），得分多者名次列前。

(二) 如兩個以上的團體得分相等時，則以獲得第一名多者名次列前，依次類推。

第四章
裁判員的口令和手勢圖解

第二十一條　有關競賽禮節與一般判罰的口令和手勢

一、抱拳禮：雙腿併步站立，左掌右拳胸前相抱，高與胸齊，拳與胸之間距離為 20～30 公分。（圖 1）

二、比賽入場：裁判員首先入場，主裁判員站在場地中央，兩掌心向上直臂指向雙方運動員，在發出「運動員入場」口令的同時，兩手屈臂上舉，掌心朝內。（圖 2）

圖 1

圖 2

圖 3

　　三、上場：兩臂側平舉，掌心向上，在發出「上場」口令的同時，兩手屈臂上舉，掌心相對。（圖3）

圖4

四、「預備——開始」：主裁判員站在雙方運動員中間，兩臂伸直仰掌指向雙方運動員，發出「預備」口令，隨即向內合掌並下擺，同時發出「開始」口令。（圖4）

五、「停」：主裁判員一臂伸向運動員中間，同時發出「停」的口令，比賽即為暫停。（圖5）

六、「一方倒地」：主裁判員一臂指向先倒地一方，在發出「某方倒地」口令的同時，另一臂在體前下按，掌心朝下。（圖6）

七、「倒地在先」：主裁判員一臂指向先倒地一方，掌心朝下，在發出「某方倒地在先」口令的同時，兩臂在體前交叉，掌心朝下。（圖7）

圖5　　　　　　　　　圖6

圖7

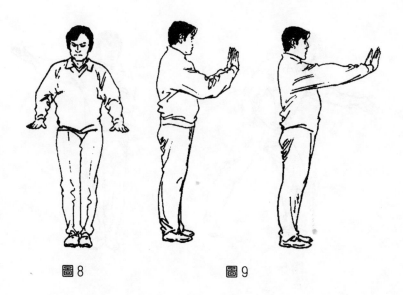

圖8　　　　　　　　圖9

　　八、「同時倒地」：主裁判員兩臂在體前平伸，掌心向下，在發出「同時倒地」口令的同時，兩掌下按，掌心朝下。（圖8）

　　九、「同時出圈」：主裁判員兩臂屈於體前，掌心朝前，指尖朝上，在發出「同時出圈」口令的同時，兩掌向前平推。（圖9）

　　十、「一方出圈」：主裁判員一臂伸向運動員，掌心朝上，在發出「某方出圈」口令的同時，另一臂屈於體前，掌心朝前，指尖朝上，向前推出。（圖10）

　　十一、「2秒」：主裁判員一手食指、中指自然分開，其餘三指自然彎曲，手臂上舉，另一手在發出「2秒」口令的同時在體前擺動。（圖11）

　　十二、指定進攻：主裁判員兩手拇指伸直，其餘四指握拳，拳心朝下，在發出「雙方進攻」口令的同時，兩拳拇指

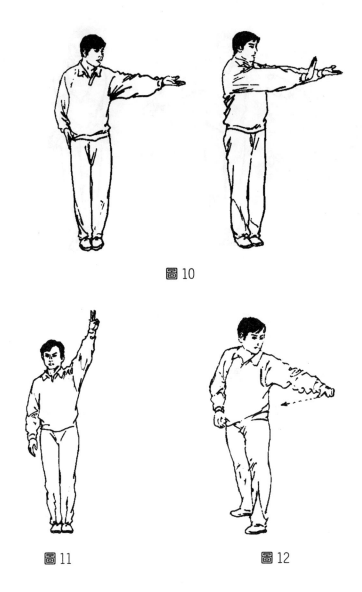

圖 10

圖 11　　　　　　　圖 12

在體前相對擺動，如指定一方進攻時，則用一手拇指指向被
進攻一方。（圖12）

圖 13

十三、無效：兩臂體前斜下伸，掌心向後下方，兩臂左右反覆擺動。（圖 13）

第二十二條　得分口令和手勢

一、得「1」分：一手食指伸直，其餘四指握拳。

二、得「2」分：一手食指、中指伸直，自然分開，其餘三指彎曲捏攏。

三、得「3」分：一手小指、無名指、中指伸直，自然分開，其餘二指彎曲捏攏。

四、得「4」分：一手拇指彎曲，其餘四指伸直，自然分開。

五、得「5」分：一手五指自然分開。

主裁判員在發出「某方幾分」的同時，示分手上舉，掌心向前。（圖 14）

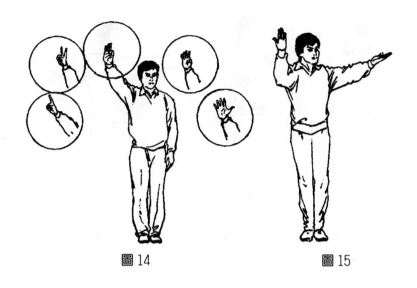

圖14　　　　　　　　　　圖15

第二十三條　罰則口令和手勢

1.「勸告」：主裁判員一手
示出犯規部位或犯規動作後，在
發出「某方勸告」口令的同時，
另一手五指伸直併攏，屈肘上
舉，掌心向後。（圖15）

2.「警告」：主裁判員一手
示出犯規部位或犯規動作後，在
發出「某方警告」口令的同時，
另一手握拳，屈肘上舉，拳心向
後。（圖16）

圖16

圖17 　　　圖18 　　　　圖19

第二十四條　取消比賽資格手勢

主裁判員兩手握拳，兩前臂交叉於胸前，拳心斜向下。（圖17）

第二十五條　急救手勢

主裁判員面對大會醫務席，兩手成掌，兩前臂於胸前十字交叉，掌心斜向下。（圖18）

第二十六條　休息手勢

主裁判員兩手仰掌指向雙方運動員休息處，示意運動員下場休息。（圖19）

圖 20

第二十七條　平局手勢

主裁判員平行站立於兩運動員中間，兩手握住兩側運動員的手腕上舉。（圖 20）

第二十八條　獲勝手勢

主裁判員平行站立於兩名運動員中間，一手握住獲勝運動員的手腕上舉。（圖 21）

圖 21

第五章
服裝與場地

第二十九條　服裝款式及規格要求

一、料：白色、純棉。

二、女子：中式立領半開門小褂，五對中式直袢，短袖，袖口1寸鬆緊邊。（圖22）

三、男子：中式立領小褂，七對中式直袢，短袖，袖口1寸鬆緊邊。（圖23）

四、褲：中式燈籠褲，褲腳鬆緊口高2寸，橫、立襠適宜。（圖24）

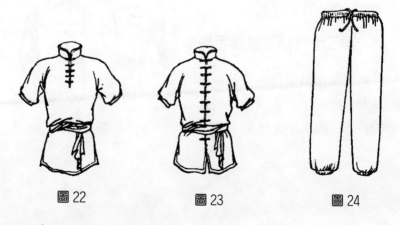

圖22　　　　　圖23　　　　　圖24

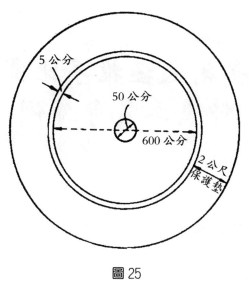

圖 25

五、鞋：白色軟底運動鞋。

六、腰帶：紅、黑色各 1 條（根據抽簽而定）。

第三十條　場地規格與要求

比賽可在地毯上或地面上進行。具體規定如下：

一、用 5 公分寬的白色標記線畫一個直徑為 600 公分的圈（沿線內計算），圈外四周設有 2 公尺寬的保護墊。

二、圈內的白色中心點直徑為 50 公分，是比賽開始時雙方站位的標誌。

三、場地示意如圖 25。

武術太極推手比賽
仲裁委員會條例

第一條

　　仲裁委員會是本項競賽的仲裁機構，由3～5人組成，設主任一名，副主任一名。在大會組委會領導下進行工作。它的任務是複審解決比賽期間執行競賽規程、競賽規則中發生的糾紛，保證競賽工作的順利進行。

第二條

　　對運動員故意犯規，情節嚴重者，仲裁委員會有權建議大會組委會給予該運動員今後一段時間內不得參加比賽的處分，並上報中國武術協會。也可建議大會組委會取消該運動員本次比賽的成績。

第三條

　　只受理比賽時對運動員判罰有異議的問題（主要指對方是否犯規）。但須在該場比賽後半小時內，由本隊領隊或教練員向仲裁委員會提出書面申訴，並交納100元申訴金，否則不予受理。

第四條

仲裁委員會根據書面申訴，進行調查核實。如確認裁判員的判定是正確的，則維持原判，申訴隊必須服從。如申訴是正確的，則有權重新作出判決，並退回申訴金。參加複審人數必須超過仲裁委員會的半數以上。複審後作出的裁決為最後的判決。並上報大會組委會備案。

第五條

如仲裁委員會裁決不公，大會組委會可根據具體情況，對不稱職者上報主管部門撤消其仲裁委員的資格或停止其參加全國以上大賽裁判和仲裁工作1至2年。

第六條

仲裁委員會在比賽期間執行其任務，比賽結束將自行撤消。

大展出版社有限公司
品冠文化出版社

圖書目錄

地址：台北市北投區(石牌)　電話：(02)28236031
　　　致遠一路二段 12 巷 1 號　　28236033
郵撥：01669551＜大展＞　傳真：(02)28272069

法律專欄連載・大展編號 58

台大法學院　　　法律學系／策劃
　　　　　　　　法律服務社／編著

1. 別讓您的權利睡著了(1)		200 元
2. 別讓您的權利睡著了(2)		200 元

・生活廣場・品冠編號 61・

1. 366 天誕生星	李芳黛譯	280 元
2. 366 天誕生花與誕生石	李芳黛譯	280 元
3. 科學命相	淺野八郎著	220 元
4. 已知的他界科學	陳蒼杰譯	220 元
5. 開拓未來的他界科學	陳蒼杰譯	220 元
6. 世紀末變態心理犯罪檔案	沈永嘉譯	240 元
7. 366 天開運年鑑	林廷宇編著	230 元
8. 色彩學與你	野村順一著	230 元
9. 科學手相	淺野八郎著	230 元
10. 你也能成為戀愛高手	柯富陽編著	220 元
11. 血型與十二星座	許淑瑛編著	230 元
12. 動物測驗—人性現形	淺野八郎著	200 元
13. 愛情、幸福完全自測	淺野八郎著	200 元
14. 輕鬆攻佔女性	趙奕世編著	230 元
15. 解讀命運密碼	郭宗德著	200 元
16. 由客家了解亞洲	高木桂藏著	220 元

・女醫師系列・品冠編號 62

1. 子宮內膜症	國府田清子著	200 元
2. 子宮肌瘤	黑島淳子著	200 元
3. 上班女性的壓力症候群	池下育子著	200 元
4. 漏尿、尿失禁	中田真木著	200 元
5. 高齡生產	大鷹美子著	200 元
6. 子宮癌	上坊敏子著	200 元

7.	避孕	早乙女智子著	200元
8.	不孕症	中村春根著	200元
9.	生理痛與生理不順	堀口雅子著	200元
10.	更年期	野末悅子著	200元

·傳統民俗療法· 品冠編號63

1.	神奇刀療法	潘文雄著	200元
2.	神奇拍打療法	安在峰著	200元
3.	神奇拔罐療法	安在峰著	200元
4.	神奇艾灸療法	安在峰著	200元
5.	神奇貼敷療法	安在峰著	200元
6.	神奇薰洗療法	安在峰著	200元
7.	神奇耳穴療法	安在峰著	200元
8.	神奇指針療法	安在峰著	200元
9.	神奇藥酒療法	安在峰著	200元
10.	神奇藥茶療法	安在峰著	200元
11.	神奇推拿療法	張貴荷著	200元

·彩色圖解保健· 品冠編號64

1.	瘦身	主婦之友社	300元
2.	腰痛	主婦之友社	300元
3.	肩膀痠痛	主婦之友社	300元
4.	腰、膝、腳的疼痛	主婦之友社	300元
5.	壓力、精神疲勞	主婦之友社	300元
6.	眼睛疲勞、視力減退	主婦之友社	300元

·心 想 事 成· 品冠編號65

1.	魔法愛情點心	結城莫拉著	120元
2.	可愛手工飾品	結城莫拉著	120元
3.	可愛打扮 & 髮型	結城莫拉著	120元
4.	撲克牌算命	結城莫拉著	120元

·少年偵探· 品冠編號66

1.	怪盜二十面相	江戶川亂步著	特價189元
2.	少年偵探團	江戶川亂步著	特價189元
3.	妖怪博士	江戶川亂步著	特價189元
4.	大金塊	江戶川亂步著	特價230元
5.	青銅魔人	江戶川亂步著	特價230元
6.	地底魔術王	江戶川亂步著	特價230元

·武 術 特 輯· 大展編號 10

·原地太極拳系列· 大展編號 11

·名師出高徒· 大展編號 111

·實用武術技擊· 大展編號 112

1. 實用自衛拳法　　　　　　　溫佐惠著　250元
2. 搏擊術精選　　　　　　　陳清山等著　220元
3. 秘傳防身絕技　　　　　　　陳炳崑著　230元

·道學文化· 大展編號 12

1. 道在養生：道教長壽術　　　郝　勤等著　250元
2. 龍虎丹道：道教內丹術　　　　郝　勤著　300元
3. 天上人間：道教神仙譜系　　　黃德海著　250元
4. 步罡踏斗：道教祭禮儀典　　　張澤洪著　250元
5. 道醫窺秘：道教醫學康復術　王慶餘等著　250元
6. 勸善成仙：道教生命倫理　　　李　剛著　250元
7. 洞天福地：道教宮觀勝境　　　沙銘壽著　250元
8. 青詞碧簫：道教文學藝術　　楊光文等著　250元
9. 沈博絕麗：道教格言精粹　　朱耕發等著　250元

·易學智慧· 大展編號 122

1. 易學與管理　　　　　　　余敦康主編　250元
2. 易學與養生　　　　　　　劉長林等著　300元
3. 易學與美學　　　　　　　劉綱紀等著　300元
4. 易學與科技　　　　　　　　董光壁著　280元
5. 易學與建築　　　　　　　　韓增祿著　280元
6. 易學源流　　　　　　　　　鄭萬耕著　280元
7. 易學的思維　　　　　　　傅雲龍等著　250元
8. 周易與易圖　　　　　　　　李　申著　250元

·神算大師· 大展編號 123

1. 劉伯溫神算兵法　　　　　　應　涵編著　280元
2. 姜太公神算兵法　　　　　　應　涵編著　280元
3. 鬼谷子神算兵法　　　　　　應　涵編著　280元
4. 諸葛亮神算兵法　　　　　　應　涵編著　280元

·秘傳占卜系列· 大展編號 14

1. 手相術　　　　　　　　　淺野八郎著　180元
2. 人相術　　　　　　　　　淺野八郎著　180元
3. 西洋占星術　　　　　　　淺野八郎著　180元
4. 中國神奇占卜　　　　　　淺野八郎著　150元

·趣味心理講座· 大展編號 15

·婦 幼 天 地· 大展編號 16

・青春天地・ 大展編號 17

·健 康 天 地·大展編號 18

95. 催眠健康法	蕭京凌編著	180 元
96. 鬱金（美王）治百病	水野修一著	180 元
97. 醫藥與生活(三)	鄭炳全著	200 元

·實用女性學講座· 大展編號 19

1. 解讀女性內心世界	島田一男著	150 元
2. 塑造成熟的女性	島田一男著	150 元
3. 女性整體裝扮學	黃靜香編著	180 元
4. 女性應對禮儀	黃靜香編著	180 元
5. 女性婚前必修	小野十傳著	200 元
6. 徹底瞭解女人	田口二州著	180 元
7. 拆穿女性謊言 88 招	島田一男著	200 元
8. 解讀女人心	島田一男著	200 元
9. 俘獲女性絕招	志賀貢著	200 元
10. 愛情的壓力解套	中村理英子著	200 元
11. 妳是人見人愛的女孩	廖松濤編著	200 元

·校園系列· 大展編號 20

1. 讀書集中術	多湖輝著	180 元
2. 應考的訣竅	多湖輝著	150 元
3. 輕鬆讀書贏得聯考	多湖輝著	180 元
4. 讀書記憶秘訣	多湖輝著	180 元
5. 視力恢復！超速讀術	江錦雲譯	180 元
6. 讀書 36 計	黃柏松編著	180 元
7. 驚人的速讀術	鐘文訓編著	170 元
8. 學生課業輔導良方	多湖輝著	180 元
9. 超速讀超記憶法	廖松濤編著	180 元
10. 速算解題技巧	宋釗宜編著	200 元
11. 看圖學英文	陳炳崑編著	200 元
12. 讓孩子最喜歡數學	沈永嘉譯	180 元
13. 催眠記憶術	林碧清譯	180 元
14. 催眠速讀術	林碧清譯	180 元
15. 數學式思考學習法	劉淑錦譯	200 元
16. 考試憑要領	劉孝暉著	180 元
17. 事半功倍讀書法	王毅希著	200 元
18. 超金榜題名術	陳蒼杰譯	200 元
19. 靈活記憶術	林耀慶編著	180 元
20. 數學增強要領	江修楨編著	180 元

·養生保健· 大展編號 23

· 社會人智囊 · 大展編號 24

14

‧精 選 系 列‧大展編號 25

· 銀髮族智慧學 · 大展編號 28

1.	銀髮六十樂逍遙	多湖輝著	170 元
2.	人生六十反年輕	多湖輝著	170 元
3.	六十歲的決斷	多湖輝著	170 元
4.	銀髮族健身指南	孫瑞台編著	250 元
5.	退休後的夫妻健康生活	施聖茹譯	200 元

· 飲 食 保 健 · 大展編號 29

1.	自己製作健康茶	大海淳著	220 元
2.	好吃、具藥效茶料理	德永睦子著	220 元
3.	改善慢性病健康藥草茶	吳秋嬌譯	200 元
4.	藥酒與健康果菜汁	成玉編著	250 元
5.	家庭保健養生湯	馬汴梁編著	220 元
6.	降低膽固醇的飲食	早川和志著	200 元
7.	女性癌症的飲食	女子營養大學	280 元
8.	痛風者的飲食	女子營養大學	280 元
9.	貧血者的飲食	女子營養大學	280 元
10.	高脂血症者的飲食	女子營養大學	280 元
11.	男性癌症的飲食	女子營養大學	280 元
12.	過敏者的飲食	女子營養大學	280 元
13.	心臟病的飲食	女子營養大學	280 元
14.	滋陰壯陽的飲食	王增著	220 元
15.	胃、十二指腸潰瘍的飲食	勝健一等著	280 元
16.	肥胖者的飲食	雨宮禎子等著	280 元
17.	癌症有效的飲食	河內卓等著	300 元
18.	糖尿病有效的飲食	山田信博等著	300 元
19.	骨質疏鬆症有效的飲食	板橋明等著	300 元
20.	高血壓有效的飲食	大內尉義著	300 元

· 家庭醫學保健 · 大展編號 30

1.	女性醫學大全	雨森良彥著	380 元
2.	初為人父育兒寶典	小瀧周曹著	220 元
3.	性活力強健法	相建華著	220 元
4.	30 歲以上的懷孕與生產	李芳黛編著	220 元
5.	舒適的女性更年期	野末悅子著	200 元
6.	夫妻前戲的技巧	笠井寬司著	200 元
7.	病理足穴按摩	金慧明著	220 元
8.	爸爸的更年期	河野孝旺著	200 元
9.	橡皮帶健康法	山田晶著	180 元
10.	三十三天健美減肥	相建華等著	180 元

國家圖書館出版品預行編目資料

太極推手入門與精進／田金龍編著
——初版，——臺北市，大展，2002〔民91〕
面；21 公分，——（名師出高徒；8）
ISBN 957-468-149-1（平裝）

1.太極拳

528.972　　　　　　　　　　　　91008021

北京人民體育出版社授權中文繁體字版

太極推手入門與精進　ISBN 957-468-149-1

編 著 者／田 金 龍

責任編輯／趙 振 平

發 行 人／蔡 森 明

出 版 者／大展出版社有限公司

社　　　址／台北市北投區（石牌）致遠一路2段12巷1號

電　　　話／（02）28236031・28236033・28233123

傳　　　眞／（02）28272069

郵政劃撥／01669551

E－mail／dah-jaan@ms9.tisnet.net.tw

登 記 證／局版臺業字第2171號

承 印 者／國順文具印刷行

裝　　　訂／嶸興裝訂有限公司

排 版 者／弘益電腦排版有限公司

初版1刷／2002年（民91年）7月

定　價／220元